本书系国家社科基金项目（16BJL105）阶段性成果

金融扶贫：
理论、政策与实践

JINRONG FUPIN :
LILUN、ZHENGCE YU SHIJIAN

郭利华／著

知识产权出版社

全国百佳图书出版单位

图书在版编目（CIP）数据

金融扶贫：理论、政策与实践 / 郭利华著 .—北京：
知识产权出版社，2018.10
ISBN 978-7-5130-5343-3

Ⅰ . ①金… Ⅱ . ①郭… Ⅲ . ①金融—扶贫—研究—中国
Ⅳ . ① F832.3

中国版本图书馆 CIP 数据核字（2017）第 314067 号

内容提要

本书对金融扶贫的理论机理、国际经验比较、我国金融扶贫的政策演进、传统金融与互联网金融扶贫手段的发展与创新，以及金融扶贫在民族地区的实践等内容做了细致深入的梳理。分析结论对于完善与充实相关领域的研究具有理论及现实价值。

责任编辑：宋　云　王颖超　　　　　责任校对：潘凤越
文字编辑：褚宏霞　　　　　　　　　责任印制：孙婷婷

金融扶贫：理论、政策与实践

郭利华　著

出版发行：知识产权出版社有限责任公司	网　　址：http://www.ipph.cn
社　　址：北京市海淀区气象路 50 号院	邮　　编：100081
责编电话：010-82000860 转 8388	责编邮箱：songyun@cnipr.com
发行电话：010-82000860 转 8101/8102	发行传真：010-82000893/82005070/82000270
印　　刷：北京虎彩文化传播有限公司	经　　销：各大网上书店、新华书店及相关专业书店
开　　本：720mm×1000mm　1/16	印　　张：11
版　　次：2018 年 10 月第 1 版	印　　次：2018 年 10 月第 1 次印刷
字　　数：150 千字	定　　价：48.00 元
ISBN 978-7-5130-5343-3	

目　录

第一章　对贫困认识的演进及金融扶贫的机理

一、对贫困认识的演进

（一）从单维贫困到多维贫困

消灭贫困一直以来都是一个世界性的课题。在对贫困理论的研究以及反贫困的实践中，贫困的定义是"一个非常难以捉摸的概念"。

早期贫困仅被界定为物质匮乏。《荀子·大略》指出："多有之者富，少有之者贫，至无有者穷。"可见，在古人眼里，"贫"是指财物缺乏，且"穷"比"贫"的窘迫程度更深。亚当·斯密认为，个体的贫困来自于社会整体资源分配的不均等。在劳动、土地、资本三要素的分配关系中，贫困主要集中于依靠工资生活的劳动者群体或阶层，工资水平如果无法满足其生活的基本需要即陷入了贫困。英国学者西博姆·朗特里（Rowntree）在其著作《贫困：城镇生活研究》中对英国约克市工人家庭的开支情况进行调查，认为一定的物质和服务是家庭成员的必需品，缺乏这些物品将导致无法生存，这一生存状态就是贫困。上述研究实际上都属于"绝对贫困"的范畴。

随后的研究逐渐从经济学领域向社会学领域演进，开始关注"相对贫困"的问题。英国的奥本海默（Oppenheim，1993）在《贫困真相》

一书中认为："贫困是指物质上的、社会上的和情感上的匮乏。它意味着在食物、保暖和衣着方面的开支要少于平均水平。……贫困夺去了人们建立未来大厦——'你的生存机会'的工具。它悄悄地夺去了人们享受生命不受疾病侵害、有体面的教育、有安全的住宅和长时间的退休生涯的机会。"英国社会学家汤森（1979）认为，贫困是一种"相对剥夺"，由于吃、住、社会活动参与等资源的不足，使贫困人群无法维持其当地社会风俗鼓励的一般生活水平，这些不足导致他们被排斥在正常的社交活动之外，这种生存境况即为贫困。汤森的贫困认识不仅限于经济学领域，还注意到了贫困的社会属性，比前人更深刻地认识到个体交往之间的贫困表现。这也解释了第二次世界大战后的福利国家仍然存在贫困的问题。这种社会关系背景下的贫困研究影响到了欧洲共同体，该组织在 1989 年的《向贫困开战的共同体特别行动计划的中期报告》一文中，认为贫困是指个体、家庭或群体因占有的物质资源、文化资源以及社会资源不足而不得不被排除在社会认可的最低限度的生活方式之外。

随着对贫困的认识从绝对贫困向相对贫困转变，认识的维度也从单维的物质匮乏向包含能力匮乏、权利剥夺、文化落后等多维的角度转变。

1981 年，阿玛蒂亚·森提出"可行能力理论"，尝试用功能、能力、自由等概念来认识贫困。森认为，一个人已经实现的福利水平可以用功能性活动来进行衡量。所谓的功能性活动，是一个人认为值得去做或所处的工作状态，可以是健康的身体、基本的居住舒适、良好的人际关系，等等。由功能派生出来的"可行能力"，则可测量出一个人潜在的或未来可达的福利水平。所谓的可行能力是"实现各种可能的功能性活动的组合的实质自由"，拥有可行能力是指一个人具备了实现各种功能组合的潜力或进行选择的能力，意味着其获得了实质自由。森说：我们有很强的理由用一个人所具有的可行能力，即一个人所拥有的，享受自己有理由珍视的那种生活的实质自由，来判断其个人处境。森特别强调了五种重要的工具性自由，分别是政治自由、经济条件、社会机会、透明性保证和防护性保障。不同个体拥有的可行能力有程度之分，森与其后的研究者提出了"最低可承受基本能力"的概念，就是指维持最低标准的体面生活的能力，包括"免受困苦以及能够识字算数、享受政治参与等等的自由"。如果不具备这种能力，个人就处于被"剥夺"的状态，处于贫困状态。贫困的实质是人们缺乏改变现状、抵御各类风险、抓住经济机会和获取经济收益的"能力"，因此贫困不仅包括收入或消费的贫困，同时还包括健康、教育、住房及公共物品的获得等多个维度"可行能力"的缺失。世界银行认可森的观点，在《2000/2001年度世界发展报告》中指出贫困不只是指物品的不足（以适当的收入和消费概念来测算），而且包括缺乏教育资源和健康，还包括风险和面临风险时的贫困者的脆弱性，还有表达自身需求的能力的缺乏。这些种种形式的贫困制约着贫困者的可行能力，因此，"任何减贫战略的核心内容都是拓宽穷人的能力"。

基于对多维贫困理念的认可，牛津大学成立了贫困与人类发展中心（OPHI），开发多维贫困的测量方法。联合国发展计划署的人类发展指数（HDI）从平衡人类发展的三大维度出发，以收入、教育、健康三个维度对贫困进行测量，具体指标基本涵盖了经济和社会发展的方方面面，以挑战传统的单一 GNP 指标的影响。

（二）从一般贫困到深度贫困 ❶

在 30 年经济高速增长带动贫困减缓的同时，自 1986 年起，中国实

---

❶ 本部分参见郭利华. 赋予深度贫困人口可持续脱贫的能力［N］. 光明日报（理论版），2017-11-7.

行了政府主导的大规模脱贫攻坚行动，先后经历了救济式扶贫、开发式扶贫以及自 2013 年开始的精准扶贫阶段。依靠易地搬迁扶贫、资产收益扶贫、小型公益事业扶贫、奖励补助扶贫等手段，党的十八大以来每年减贫人口在 1300 万人以上，贫困发生率从 2012 年底的 10.2% 下降到 2016 年底的 4.5%。时至今日，扶贫已进入深度贫困的攻坚阶段，截至 2016 年底，按照现行标准，我国依然存在 4335 万深度贫困人口，主要集中在生存环境恶劣、基础设施和公共服务缺口大的老、少、边、穷地区。主要包括：一是连片的深度贫困地区，西藏和四省藏区、南疆四地州、四川凉山、云南怒江、甘肃临夏等地区，生存环境恶劣，致贫原因复杂，基础设施和公共服务缺口大，贫困发生率普遍在 20% 左右；二是深度贫困县，据国务院扶贫办对全国最困难的 20% 的贫困县所作的分析，贫困发生率平均在 23%，县均贫困人口近 3 万人，分布在 14 个省区；三是贫困村，全国 12.8 万个建档立卡贫困村居住着 60% 的贫困人口，基础设施和公共服务严重滞后，村两委班子能力普遍不强，3/4 的村无合作经济组织，2/3 的村无集体经济，无人管事、无人干事、无钱办事现象突出。

习近平总书记在深度贫困地区脱贫攻坚座谈会上强调："脱贫攻坚工作进入目前阶段，要重点研究解决深度贫困问题。"客观认识并精准识别深度贫困是攻克这一难题的基础和前提。

在"多维贫困"视角下，精准识别深度贫困的基本原则有两个：一是贫困瞄准要从多维的能力维度入手；二是贫困分析要突破静态的截面研究思路，以动态的思路和方法区分暂时贫困和长期贫困，关注在不同时期贫困人口贫困状态的变化过程。以这两个标准，可以界定深度贫困的基本特征是"贫困程度深且长期陷于贫困状态"。"贫困程度深"指的不仅是物质匮乏，深度贫困人口在投资理财意识、教育机会、饮水卫生及健康、社会资本、社会排斥等能力指标上均落后于平均水平。"长期陷于贫困状态"指的是无力摆脱目前的匮乏处境，即使暂时脱离了贫困状态也很容易返贫，同时由于生活方式、行为规范、价值观念体系等"亚文化"的影响，贫困人群的后代极易陷于贫困，表现出明显的代际传递特征。

深度贫困人口为什么会陷入长期持久的恶性贫困循环状态而难以摆脱？为什么在我国已经进行了长期大规模扶贫行动，且经历了2013年开始的精准扶贫以及2015年的几次"回头看"，贫困人口基本得到精准帮扶的情况下依然存在？从具体情况看，原因大致如下。

第一，没有劳动能力，"无业可扶、无力脱贫"的因病致贫与返贫现象。这种情况在剩余贫困人口中的致贫比例从2013年的42%上升到现在的44%，涉及1200多万个家庭。虽然目前的新型农村合作医疗和农村互助医疗制度建立了基本的医疗保障体系，但没有实现精准化瞄准和精细化管理，降低了扶助效果。

第二，有劳动能力，但不认为自己贫困，没有脱贫的愿望；或者有脱贫愿望，但缺乏脱贫的勇气和行动。由于对待事物的认知不同，部分人群满意自给自足、自由自在的生存状态，或者由于长期生活在贫困之中，受文化习俗、思维定式和价值取向的影响，对贫困产生自适应和自我维护，缺乏走出困境的勇气和想法。这种文化属性与资源匮乏、环境恶劣等其他属性之间不一定有直接的因果联系。

第三，有劳动能力、有脱贫的愿望，但缺乏谋生技能的能力制约型贫困。由于受教育程度低，缺乏知识更新和获取的能力，或者没有接受相应的职业技能培训，贫困人群缺乏专门知识、没有专有性人力资本，无法在竞争性的经济活动中获取收益。

第四，有劳动能力，但深受环境条件制约的资源匮乏型贫困。由于生活在自然条件恶劣、环境资源匮乏的地区，形成了从属于连片贫困区、贫困县和贫困村的大规模贫困人群。生态环境脆弱、地理位置偏僻、基础设施薄弱、资源禀赋不足导致要素流动困难，生产风险加大；而封闭的环境又导致这个群体普遍缺乏市场意识和风险意识，远离现代文明，环境适应性差，移民搬迁扶贫等手段反而会加剧贫困，而一般性产业扶贫手段虽然能保证地区资源的资本化利用，但无论在生产还是分配环节，贫困人群实际上都被排除在外，很难有效参与。

上述分析可见，无论何种原因致贫，深度贫困人群往往没有脱离贫困的想法和勇气，缺乏脱离贫困陷阱的技能和手段。在这里，环境封闭、信息匮乏与观念落后、智力开发不足几方面相互影响、相互制约、相互强化，导致贫困人群"缺少达到最低生活水准的能力"，处于阿玛蒂亚·森所说的可行能力的匮乏困境。

值得关注的是，学者们近期的研究表明，在现代信息技术飞速发展的大背景下，"数字鸿沟"和"知识鸿沟"的存在导致贫困人群面临着新的"技术排斥"（马九杰、吴本建，2014），使多维贫困扩展到包括数字信息获取能力、供给能力以及应用能力在内的数字能力贫困（周向红，2016）。深度贫困的内涵再次出现了延伸。

二、关于贫困根源的解释

（一）因病致贫

不少学者的研究表明，因病致贫、因病返贫是导致农村居民贫困的重要原因，其中，高血压、糖尿病等慢性病的影响最大，危重病次之，地方病和意外伤害比重较低（汪辉平等，2016；代宝珍，2014）。因病致贫的基本逻辑是因为国家对医疗保障体系没有实现精准化瞄准和精细化管理，导致农民对医疗资源的有效需求得不到满足，结果形成了疾病与贫困的恶性循环链（左停、徐小言，2017），因此，多层次的医疗保障链对于截断贫困循环具有重要的意义。关于因病致贫的医疗保障问题，学者们关注到了自 2003 年开始实施的新型农村合作医疗制度。大部分学者认为"新农合"不仅能够提高农村居民的健康水平，而且能有效降低农村的贫困发生率，但也存在着资金瞄准力低、补偿方案单一、报销过程手续繁杂等问题。

（二）文化致贫

20 世纪 50 年代，奥斯卡·刘易斯（1959）在其《五个家庭：墨西哥贫穷文化案例研究》及其后的《桑切斯的孩子们》（1961）中阐释了"贫困文化论"，解释了贫困的"亚文化"如何导致贫困的代际传递。他认为，贫穷文化具有一些超越宗教、城乡，甚至国家界限的共性，在伦敦、格拉斯哥、巴黎、哈莱姆和墨西哥城的底层居民聚居区，人们的家庭结构、人际关系、时间取向、价值观念、消费模式和社区观念方面存在极大的相似性，这些共同的特性决定了一些贫困人口的经济特征和社会心理特征。贫困文化的经济特征包括失业或不充分就业、劳动报酬偏低、经常性现金短缺、借高利贷、邻里间自发（轮流）组织非正式信贷体系等；社会和心理学特征包括生活区域拥挤、集群性高、酗酒频率高、解决纠纷经常诉诸暴力、过早涉性、以母亲为中心的家庭模式、专断倾向强烈，以及极强的现时观念——不愿推迟享受喜悦和谋划未来、基于艰难生活环境的顺天应命思想、相信男权（甚至将之升华为男权迷信或男权迷恋），以及与之对应的女性殉道观念、对各类精神异常状况的高度容忍，等等。

奥斯卡·刘易斯开创了从文化差异研究贫困的新视角。学者们认可反贫困制度创新和组织重建与贫困人群既有的文化模式的相关性（戴庆中，2000；徐永平，2004），尤其是民族贫困地区的扶贫与民族地区文化贫困问题息息相关（鲁建彪，2011；青觉、王伟，2017）。

文化致贫的主要角度是教育要素缺乏导致贫困。对于贫困地区来说，因为文化往往影响着经济运行的规则、经济发展的理念和模式以及经济利益的分配，所以其特有的文化传统、文化体制、文化形态以及文化环境，犹如一副"沉重的翅膀"，抑制着地区经济的起飞。民族地区的贫困与文化息息相关，政治文化、民族文化、宗教文化和生态文化对精准扶贫产生了阻碍作用（青觉、王伟，2017）。

对于文化角度的反贫困策略，大部分学者认为，提高农户受教育水平确实能在很大程度上降低其陷入贫困的概率（刘修岩、章元、贺小海，2007）；其基本逻辑是教育具有生产能力和配置能力，提高教育水平可以促进经济增长进而减少贫困（戴庆中，2000；郭新华、戎天美，2009）。具体到教育结构上，学者们发现，义务教育对减少绝对贫困意义重大（蒋选、韩林芝，2009），中等教育对西部城乡减贫的意义更为显著（单德朋，2012）。当然也有学者的研究表明，健康对农村减贫的作用比教育更为显著（程名望等，2014）。

（三）环境致贫

一些学者认为，贫困与环境存在相互依赖与相互强化的螺旋式下降过程，这一现象被称为"贫困陷阱"（World Bank，1992；Bhattacharya，H. 等，2011）。"贫困陷阱"在欠发达地区更加严重，其基本的影响机制是：大部分贫困地区处于生态环境脆弱、地理位置偏僻、基础设施薄弱、资源短缺或禀赋不足的区域，而贫困家庭对自然资源与环境的依赖性更大，抵御环境变化的能力较差。因此，一旦环境出现恶化，必然会导致贫困的发生或者贫困程度的加剧（Vinicius 等，2009；Milbourne，2010）。比如，严重的气候变化会导致自然灾害，自然灾害在一定程度上破坏公共服务设施、经济基础设施，影响区域发展环境，让扶贫的投入和扶贫效果大打折扣。湖北恩施作为 14 个集体连片特困区之一，强降雨引发的地质灾害是导致"因灾致贫，因灾返贫"现象发生的重要原因（陈曦炜等，2016）；旱灾是民族扶贫县的主要灾害类型，占到全部灾害比例的 77.7%（李俊杰等，2015）。

三、金融扶贫的理论机理 ❶

金融扶贫是指用金融的手段为贫困地区及贫困人群提供各种金融服务，帮助其减贫脱贫。在多维贫困视角下，金融扶贫被认为是开发性扶贫的有效手段之一。学者们的研究发现，金融不仅能提高贫困人群的收入水平，还能从其金融素质及发展能力等多个维度来缓解能力贫困。

第一，金融可以通过经济增长、收入分配等形式对贫困减缓产生积极的促进作用，缓解收入贫困。

第二，通过金融的手段将贫困群体纳入金融服务体系中不仅满足了他们基本的金融需求，而且会形成贫困群体的负债消费，进而形成人力资本，而人力资本是推动社会经济发展的动力和源泉（曾康霖，2006；Levine，2011）。

第三，金融可以通过分散风险、突破投资门槛、降低交易成本等方式来降低贫困人群的脆弱性，提高贫困人群自身素质和发展能力。

第四，建立在现代信息通信技术（ICT）基础上的互联网金融可以以技术手段降低金融交易成本和信息不对称水平，从广度和深度上缓解金融排斥，并进而在一定程度上解决贫困人群金融的"地理可及性"问题。在满足贫困人群除储蓄之外，支付、汇兑等多方面"信贷权利"的同时，手机银行等金融工具的推广还能起到收入的再分配作用，并改进贫困人群的金融行为，提高他们的抗风险能力。

---

❶ 本部分参见郭利华，毛宁，吴本健. 多维贫困视角下金融扶贫的国际经验比较：机理、政策、实践［J］. 华南师范大学学报（社会科学版），2017（4）.

为了推动金融扶贫，我国自20世纪80年代开始实施扶贫贴息贷款。目前，小额信贷、农村资金互助社、社区发展基金、贫困地区村级发展互助资金、抵押品创新、供应链金融等农村金融产品创新层出不穷，在一定程度上解决了"最后一公里"的问题，取得了较好的经济效益和社会效益。它们在缓解贫困，推进金融普惠方面发挥了积极作用。

但是一些学者讨论了这些金融扶贫手段的实施效果，发现在实际运行中也出现了由于利率提升引发信贷配给（马九杰、吴本健，2012），小额信贷持续性差和违约率高（何广文，2008，2012），扶贫贴息贷款存在"瞄准偏误"和"目标转换"，使金融扶贫最大的获益者变成了扶贫地区的非贫困农户、地方企业或开发项目，而很多中低收入者、真正的贫困群体依然面临信贷配给不足（杜晓山，1995；蔡洋萍，2016），金融基础设施薄弱及风险分担机制不健全（焦瑾璞，2014；杜晓山，2008；曹凤岐，2010），半封闭的金融环境和严格的金融管制导致扶贫资金供给不足等各种问题，严重影响了金融机构扶贫的积极性，制约了传统金融扶贫方式的效果。近些年来，现代信息通信技术与金融深入结合引致了金融的互联网化与新兴互联网金融的兴起，进而对传统的金融扶贫模式产生了明显的影响。新形势下，金融扶贫需要回答清楚扶贫的落脚点是什么，面对什么群体，依托什么组织，依赖何种外部保障等问题。

四、金融扶贫的核心在于提高贫困人群的能力 ❶

第一，金融扶贫的落脚点是能力建设。根据前述对贫困概念的阐释，贫困不仅是收入贫困，更多的是"能力贫困"，表现为缺乏教育资

---

❶ 本部分参见郭利华.以金融扶贫推动贫困人口的能力建设［N］.光明日报（理论版），2016-11-16.

源和健康，面临风险时的脆弱性，或者缺乏表达自身需求的能力，这是个多维贫困的概念。世界银行由此认为，"任何减贫战略的核心内容都是拓宽穷人的能力"。反贫困对策不应仅解决"信贷可得性"问题，应从生存型的救济扶助提升到对贫困群体的能力建设。因此，金融扶贫提供的不仅仅是信贷产品，而应同时关注劳动技能培训与创业知识培训，使贫困人群逐渐找到脱离贫困的有效手段和方法，变得自尊、自信，积极地、负责任地对待自己的健康、幸福和子女的教育，并由此开启良性循环。这种由金融手段执行的"造血式"社会救助的效果远好于单纯的"输血式"救济。

第二，金融扶贫对象应是"有需求有能力"的贫困人群。从有效性及金融扶贫的可持续性角度考虑，扶贫面向的人群应为有一定的生产经营能力并有金融需求的贫困人群，这不同于依赖补贴的财政扶贫。比如格莱珉银行之所以选择妇女为贷款对象，是因为妇女具有劳动的能力与意愿，与男性相比，更少有赌博等恶习，她们用贷款购买缝纫机、三轮车等简单的生产资料，即可开始"自雇式家庭生产"，并且可维持10%以上的盈利水平，保证格莱珉模式的可持续性。再比如，南非的手机银行Wizzit之所以成功，是因为其用户群体并不是南非最贫穷的人群，而是那些具备一定的教育水平和科技接受水平的贫穷人群。这些人群有金融需求、有生产意愿但缺乏贷款渠道与途径，金融扶贫资金可以给予其激励和信任，并由此激发其内在的改变自身生活的动力。当然，由于数字鸿沟、知识鸿沟的存在，贫困人群常常陷于自我排斥、评估排斥、工具排斥等金融排斥境地，可能降低扶贫效果，因此，有必要通过教育培训以及金融知识的宣传普及，提升贫困人群的金融素养。

第三，金融扶贫依赖于传统金融扶贫手段的革新。在现代信息技术迅速发展的大背景下，无论是商业性金融机构小额贷款，还是政府扶贫贴息贷款、社区发展基金等传统金融扶贫手段，都可以依靠大数据支撑的信用系统实现贫困人群数据的精准分类以及标准化管理，借此实现对贫困人群的精准筛选；同时，由于降低了授信时对担保的依赖，可以推进客户群体的下沉，提高金融资源配置效率。在机构规模上，信用评级机构等专业型的信息中介机构迅速发展，为大型金融机构拓展"关系型"贷款业务创造了条件，因此，传统意义上的"小银行优势"不再突出，大型金融机构在金融扶贫中完全可能承担更大的责任。在运行原则上，需要充分尊重市场机制，一方面积极推动利率的市场化，让扶贫资金的成本与风险相匹配，实现扶贫资金的保本微利与自我循环；另一方面不断开放贫困地区金融市场，以税收等政策鼓励与吸引更多金融机构进入，充分竞争，保证市场运行的效率，只有大量的以商业性运作手段实现公益性目标的"社会企业"介入，整个金融扶贫体系才能良性发展。

第四，金融扶贫迫切需要互联网金融工具的配合。鉴于近年各国小额信贷发展中出现的问题，金融扶贫的推进不应仅仅局限于小额信贷等传统手段，还应积极利用现代信息通信技术（ICT）带来的发展契机，发展网络银行、手机银行、网络证券公司、网络保险公司等互联网金融化产品，发挥其信息与成本优势，纳入更多的贫困人群，接触传统金融难以接触者；同时满足贫困人群除信贷以外的储蓄、支付、汇兑、结算等全面的金融需求，进而实现金融包容性发展的需要。实践中，在肯尼亚、南非、菲律宾蓬勃发展的以移动运营商为主导的手机银行，在印度尼西亚圆满解决"非正式关系网"无法解决的健康问题的网络保险，以及荷兰的农业价值链金融等各种金融创新模式都提供了很好的借鉴。

第五，金融扶贫依托于完善的外部保障体系建设。首先，对于依赖传统方式扶贫的机构来说，能够借助公共的信用资源进行信用评级和贫困人群精准识别是提升扶贫效率的关键，因此，建设统一的农村信用体系并实现全国信用信息的联通共享是关键性的工作。其次，加快提升农村地区的互联网普及率以及智能手机普及率，这对于借鉴非洲、南亚的经验，发展以移动运营商为主导的手机银行等互联网金融产品至关重要。除此之外，评级机构、创业和技能培训等能力建设机构、技术信息提供者、行业协会等中介机构的培育发展，对于提升金融扶贫效果不可缺少。

格莱珉银行的创始人尤努斯说：穷人是天生的企业家，他或许会发现更好的机会，因为他从未得到过一次机会。诺奖得主席勒也说：真正好的金融不仅仅是管理风险，还必须是社会价值的守护者。激发贫困人群的内在活力无疑是"好的金融"彰显其社会价值的途径。

五、解决深度贫困问题的根本是赋能机制的建立

从一般贫困到深度贫困，贫困的内涵在不断延伸。对于 4335 万深度贫困人群来说，能力建设是重中之重，是 2020 年全面脱贫之后实现持续稳定脱贫的根本。

第一，以多层次健康扶贫体系精准扶贫。对于因病致贫和返贫的深度贫困人群，要以"建库立卡"为基点进行分类瞄准和精准管理。建立新农合制度为主干，医疗大病保险和疾病应急救助为补充的健康扶贫体系。同时，积极发展商业健康保险和慈善救助。组织制度上，确立农村分级诊疗模式，发挥基层医疗卫生机构的作用，缓解医疗救助制度的压力。

第二，以多层级教育培训阻断贫困的代际传递。诺奖获得者詹姆斯·赫克曼的研究显示，对高等教育投入的回报是 1∶1，而对儿童早期教育投入的回报能达到 1∶8。我国已提前完成了联合国千年发展目标，在儿童教育和健康的相关指标上在发展中国家中名列前茅。但这方面依然存在巨大的城乡差距，乡村尤其是贫困乡村的孩子在生长迟缓率、低

体重率、贫血率等指标上远远高于城市。专门针对贫困乡村的学前营养计划和学前教育计划对于阻断贫困的代际传递意义重大，是让"每个孩子都能享有公平而有质量的教育"的关键一环。同时，脱贫攻坚的实践证明，职业教育是见效最快、成效最显著的扶贫方式。应根据深度贫困人群的年龄结构、产业背景、民族成分等现实情况细化教育培训资金安排，开展适应当地产业特色的技能培训，同时在少数民族地区开展双语培训，提高少数民族青壮年汉语语言和文字能力，提高就业竞争力。

第三，以贫困人群深度参与的产业扶贫缓解资源匮乏型贫困。深度贫困人口人力资本缺乏，就业竞争力差，最直接的减贫手段就是依赖规模化、组织化的产业扶贫。应充分强调产业发展过程中资源利用与贫困人口获利与发展间的关系，强调贫困人口的实质参与，增强市场意识的培训和引导，以制度设计充分保证贫困人群参与资源分配收益。

第四，以政府扶贫加社会力量扶贫解决持续性扶贫问题。随着2020年的到来和扶贫攻坚行动的不断胜利，现有政府主导的超常规扶贫模式应逐渐向政府扶贫加社会力量扶贫模式过渡。各类社会组织具有强大的资源动员力量和专业能力，一直在反贫困实践中发挥着不可替代的重要作用。世界银行认为："NGO 可以通过扩大贫困者的经济机会、促进赋权和加强安全保障三个方面来形成持续性的减贫动力。"对于深度贫困人群脱贫后的稳定、持续脱贫问题，可更多地通过政府购买公共服务等形式交由社会组织承接完成。

深度贫困问题的解决需要长期、持续的工作安排，不管经济发展到什么程度，相对贫困永远存在。在各种各样的再分配倾斜政策和保护性措施之外，只有激发贫困人群内在的动力，才能真正推进脱贫—稳定脱贫—可持续脱贫。"赋能机制"的建立是实现习近平总书记所说的"到2020年全面建成小康社会，任何一个地区、任何一个民族都不能落下"目标的有效手段。

参考文献

［1］Rowntree BS. Poverty：A Study of Town Life［M］.Macmillan，1902.

［2］Oppenheim C，Lisa H，Group C P A. Poverty the facts［J］. Child Poverty Action Group，1993.

［3］Townsend.Poverty in United Kingdom：A Surrey of Household Resources and Standards of Living［M］.Denguin，1979.

［4］欧洲共同体.向贫困开战的共同体特别行动计划的中期报告［R］.1989.

［5］Sen A. Poverty and Famines：An essay on entitlement and deprivation［M］. Oxford：Oxford University Press，1981.

［6］《2000/2001 年世界发展报告》编写组.2000/2001 年世界发展报告［M］.北京：中国财政经济出版社，2001.

［7］习近平.强化支撑体系加大政策倾斜　聚焦精准发力攻克坚中之坚［J］.紫光阁，2017（7）：7-8.

［8］马九杰，吴本健.移动金融与普惠金融研究——互联网金融创新对农村金融普惠的作用：经验，前景与挑战［J］.农村金融研究，2014（8）：4-11.

［9］周向红.从数字鸿沟到数字贫困：基本概念和研究框架［J］.学海，2016（4）：154-157.

［10］汪辉平，王增涛，马鹏程.农村地区因病致贫情况分析与思考——基于西部 9 省市 1214 个因病致贫户的调查数据［J］.经济学家，2016（10）：71-81.

［11］代宝珍.农村老年居民慢性病管理——基于构建新农合慢性病管理体系的视角［J］.中国农业大学学报（社会科学版），2014（1）：121-133.

［12］左停，徐小言.农村"贫困—疾病"恶性循环与精准扶贫中链式健康保障体系建设［J］.西南民族大学学报（人文社科版），2017（1）：1-8.

［13］戴庆中. 反贫困思考：制度、组织与文化［J］. 贵州大学学报（社会科学版），2000（6）：8-16.

［14］徐永平. 关于贫困文化的思考［J］. 内蒙古民族大学学报（社会科学版），2004（4）：63-65.

［15］鲁建彪. 关于民族贫困地区扶贫路径选择的理性思考［J］. 经济问题探索，2011（5）：150-154.

［16］吴理财. "贫困"的经济学分析及其分析的贫困［J］. 经济评论，2001（4）：3-9.

［17］青觉，王伟. 民族地区精准扶贫的文化分析［J］. 西南民族大学学报（人文社科版），2017（4）：45-51.

［18］刘修岩，章元，贺小海. 教育与消除农村贫困：基于上海市农户调查数据的实证研究［J］. 中国农村经济，2007（10）：61-68.

［19］戴庆中. 反贫困思考：制度、组织与文化［J］. 贵州大学学报（社会科学版），2000（6）：8-16.

［20］郭新华，戎天美. 国外关于教育与贫困变动理论研究新进展［J］. 教育与经济，2009（1）：48-52.

［21］蒋选，韩林芝. 教育与消除贫困：研究动态与中国农村的实证研究［J］. 中央财经大学学报，2009（3）：66-70.

［22］单德朋. 教育效能和结构对西部地区贫困减缓的影响研究［J］. 中国人口科学，2012（5）：84-94.

［23］程名望，Jin Yanhong，盖庆恩，等. 农村减贫：应该更关注教育还是健康？——基于收入增长和差距缩小双重视角的实证［J］. 经济研究，2014（11）：130-144.

［24］World Bank. World Development Report 1992 in Development and the Environment［M］. Oxford：Oxford University Press，1992.

［25］Bhattacharya H，Innes R. Income and the environment in rural India：Is there a poverty trap？［R］. Part of the UC Center for Energy and Environmental Economics Working Paper Series，2011.

［26］Vinicius M，Finco A. Poverty-environment trap：A non-linear probit model applied to rural areas in the north of Brazil［J］. American-Eurasian Journal of Agricultural & Environmental Science，2009（4）：533-539.

［27］Milbourne P. The geographies of poverty and welfare［J］. Geography Compass，2010（2）：158-171.

［28］陈曦炜，裴志远，王飞. 基于GIS的贫困地区降雨诱发型地质灾害风险评估——以湖北省恩施州为例［J］. 地球信息科学学报，2016（3）：343-352.

［29］李俊杰，陈浩浩. 民族地区扶贫开发的制约因素与基本思路［J］. 中南民族大学学报（人文社会科学版），2015（6）：104-108.

第二章 金融扶贫国际经验比较：机构与工具的视角 [1]

一、金融机构扶贫优势比较

（一）扶贫中的"小银行优势"并不明显

首先要讨论的是金融机构规模对金融扶贫效果的影响。Berger 和 Udell（1995）依据贷款决策的不同因素将金融机构贷款类型划分为两大类：第一类是依靠如资产抵押品和财务报表等便于统计量化的"硬信息"的交易型借贷（transactions-based lending）；第二类即依靠诸如贷款人知识、贷款企业管理水平等难以标准化及计量统计的"软信息"的关系型借贷（relationship lending）。传统观点认为大型金融机构为避免组织不经济现象的出现，不愿为贫困人群提供关系型贷款（马九杰，2012），而小机构在为中小客户提供关系型贷款方面具备"小银行优势"（Berger，2002）。首先，小型金融机构一般都会以一定的地域范围为基础开展业务，具有显著的区域性特征，在获取和利用"软信息"中具备优势（Berger、Udell，2002；Liberti、Mian，2009）。其次，由于地方化、内部层级少、组织结构简单、决策链条短，小型金融机构对贫困人

❶ 本部分参见郭利华，毛宁，吴本健. 多维贫困视角下金融扶贫的国际经验比较：机理、政策、实践［J］. 华南师范大学学报（社会科学版），2017（4）.

群贷款服务决策的信息成本、代理成本均较低（陈晞，2010；马九杰，2012）。此外，一些研究显示，小型金融机构还具备稳定经济的功能，特别是在金融危机期间小银行的信息及管理优势并未被减弱，它能够在危机期间持续为小企业提供流动性（Berger et al.，2015）。美国在2008年爆发金融危机以来，虽然大型和小型金融机构都大幅缩减了针对小企业或中小客户的贷款（Greenstone et al.，2014），但小型金融机构对中小客户的贷款占总额的60%以上，在危机时期成为中小客户贷款的主要来源（Berger et al.，2015）。

近年来，特别是随着以信息通信技术为基础的互联网金融的兴起，"小银行优势"受到了多重挑战（Berger，2013）。首先，随着新巴塞尔协议的实施，大型金融机构也开始逐步放宽他们对小额贷款授信的标准，如美国银行近年来就不断放宽个人贷款的信用评分要求，这将减弱小型专业化银行的关系型信贷的竞争优势（Berger，2004；Altman，2005；Enrich，2007）。其次，随着信息技术的不断进步，金融机构获取信用信息的渠道被不断扩展，获取信息更方便快捷，银行对"软信息"的依赖程度降低，特别是信用评级机构等专业型的信息中介机构迅速发展，为大型金融机构拓展关系型贷款业务创造了条件（陈晞，2010）。

国内的相关研究也认为现有的"小银行优势"理论是基于发达国家的经济环境所提出的，缺少对发展中国家的探讨（杜创，2010）。小银行优势依然存在，但随着信息技术的发展这种优势已经越来越不显著（程超、林丽琼，2015）。特别是在我国的经济环境下，试图通过设立新的小型金融机构来修补金融体系的不足，并不能真正缓解贫困人群的金融排斥问题，原因在于我国经济整体环境会导致金融机构更倾向于大客户群体，在这种约束下新型的金融机构仍会采取与现有银行同样的弃小的策略，也就是说小型金融机构在我国目前的经济环境下也并不一定能够起到更好的扶贫效果。

上述分析可见，金融扶贫中一方面我们应该重视中小金融机构的作用，发挥其信息优势、成本优势；另一方面，我们不能迷信"小银行优势"，要充分挖掘大型金融机构的潜力。大型机构具备资金充足、品牌优势、技术先进等小机构所不具备的优势，应通过外部制度约束及政策支持，引导大型金融机构参与到金融扶贫之中，这对它们而言既是责任也是发展机会。

（二）机构网点数量不是越多越好

政府主导的信贷扩张是否能够带来扶贫减贫效果的问题长期以来一直是政府和学者广泛关注的问题。在西方学者早期的研究中形成一种被广泛认同的观点，即认为政府可以通过机制设计来减少融资约束，推动贫困地区金融基础设施的建设和利用，进而促使贫困人群改变其生产选择和就业选择并摆脱贫困（Banerjee、Newman，1993）。这种观点对许多发展中国家减贫扶贫的推行产生了重要的影响，其中最具代表性的就是印度。印度在20世纪70年代开始在政府的主导下对农业及相关产业实施金融扩张政策。其主要措施分为三项：第一，政府主导商业银行的国有化改革，制定相关政策要求商业银行在农村地区开设营业网点（Burgess、Pande，2005）。第二，印度政府通过认购股份的形式发起组建农村合作金融机构，经过几十年的发展，合作金融机构基本上覆盖了农村大部分地区。第三，制订"领头银行"计划，在农村地区每个区域建立一个"领头银行"牵头负责该区域的开发。经过一系列强制性的政策安排，截至2005年，印度商业银行的农村分支机构为47369家，比刚独立时增加了9倍之多。

从印度金融扩张的效果来看，一些学者认为达到了减贫的效果，贫困农村地区农民的消费水平得到了显著提高（Burgess、Pande，2005；

Kumar et al.，2010），因为农村地区金融机构的扩张带来了农村制造业和服务业的发展，而这些产业的发展是贫困地区就业的重要途径，就业的增加就带来了贫困人群收入的增加。但相当多的学者得出了完全相反的结论，他们认为印度的金融扩张在短期内来看是提高了贫困人群的消费水平，但这只是贫困人群消费的提前（Fulford，2013），从长期来看并没有达到减贫的效果，相反地更加剧了贫困（Panagariya，2008；Fulford，2013）；而且，印度金融体系承受了相当大的效率损失，大量的实体营业网点的存在以及低效的行政管理的干预，导致印度农村地区面临着过高的金融交易成本（朱超，2007）；同时印度商业银行面临着严重的经营困境，贷款的损失和成本加起来已经远远高出其盈利，而国家为了维持其运营，就不得不对其不断地融资，并不断补充其资本金，给国家财政带来了巨大压力。

从上述可见，印度政府强制推行金融扩张来扶贫减贫的效果是有争议的。金融机构数量越多并不一定意味着扶贫效果越好，在金融机构数量较少时随着金融基础设施的不断完善，扶贫效果趋向显著，但数量达到一定程度后反而可能会减弱扶贫的效果并带来效率的损失，同时还会严重挫伤金融机构参与扶贫的积极性及金融扶贫的可持续性。

（三）合作性金融更具扶贫优势

金融机构按照组织形式的不同可以划分为商业性金融、合作性金融及政策性金融等多种形式，其中合作性金融是一种以合作制为基础，本着自愿原则由社员共同出资建立，以为社员服务为目的，进行民主管理的信用组织形式（Périlleux，2010）。

许多学者提出合作金融相较于商业金融更适应贫困农村地区的经济环境，在金融扶贫中更具优势。

第一，合作性金融机构是以互助合作原则建立起来的，经营目标是为社员服务，不以营利为目的；同时合作金融是人的联合而不是资本的联合，在管理上实行"一人一票"的民主管理方式。上述合作金融组织民主管理、非营利性的特征在很大程度上保障了贫困人群获取金融服务的权利（Oluyombo，2013），增加了信贷可得性。

第二，各国合作金融体系在组织形式上大都呈现出"上虚下实"的特点，即经营的重心在基层的营业网点，"在地化"的经营能够有效缓解信息不对称问题。同时，合作金融机构服务的对象主要是合作社的社员，社员既是客户也是股东，在组织内部信息传递和获取方面相对真实便捷，在信息成本方面较商业性金融机构具有绝对的优势（Boland、Barton，2013）。

第三，作为客户兼股东，合作制可以实现成员的资产资本化，通过资产的集中可以最大限度发挥小额、零散资本的效益；同时，成员之间的利益共享和责任共担以及社员之间的交叉担保机制，也使合作金融机构相较于商业金融更具稳定性（Périlleux、Nyssens，2016；Akinsoyinua，2015）。

合作金融发展至今已有160多年的历史，从德国、日本、美国等的发展实践可见，各国虽因历史及国情不同形成了特点各异的发展模式，但整体发展势头良好。我国的合作金融自20世纪50年代开始，中间经历了曲折的发展历程，部分学者据此提出在我国并没有合作金融发展的土壤，甚至根本不存在真正意义上的合作金融（谢平，2001）。但从上述分析可见，合作金融相较于商业金融在金融扶贫中更具优势，而且在多国都有成功的实践案例，可以作为金融扶贫的具体模式深入分析与应用。

二、金融工具扶贫优势比较

金融扶贫需要具体依靠金融工具来实现，金融工具设计如何体现面对贫困群体弱质性的特点？何种金融工具在缓解信息不对称、降低交易成本、保障可持续性的实现方面更具优势？下面将从这三个角度对金融扶贫中的产品创新进行对比探讨。

（一）缓解信息不对称

由于金融机构无法很好地掌握贫困人群的信用记录、资产负债状况等，所以往往会提高贷款门槛，使贫困人群面临信息不对称所导致的信贷配给。解决信息不对称是金融扶贫中增加对贫困人群金融供给及金融工具创新需要解决的首要问题。

在缓解贫困人群信息不对称问题的金融工具创新中，国际及国内都有许多可供借鉴的成功经验，例如价值链金融模式、互联网金融等。价值链金融的运行机制是以发生在产业价值链上的商业交易价值为基础，银行通过向价值链嵌入资金或信用，为价值链上下游企业提供流动资金解决方案。产业价值链中的参与者一般只愿意与自己信任的或有长期合作关系的客户进行交易或者借贷，因为他们之间存在交易往来，彼此之间信息不对称程度较低，同时又对所处环境及价格风险有一定的了解（Fries、Akin，2004；Wuttke et.，2013），这就在很大程度上缓解了金融交易中的信息不对称问题。近年来，价值链金融业务在全球发展迅速，在发展中国家尤为显著，由此衍生的农业价值链金融也成为许多国家用来减少农户金融排斥、进行金融扶贫的有效措施。

依托现代信息通信技术的互联网金融可以有效解决信息问题。一方面，推进金融的互联网化背景下传统扶贫方式的转变。互联网金融利用大数据技术对庞大的数据信息进行标准化处理，使得数据的使用效率得到显著的提高（丁杰，2015）。无论是商业性金融机构小额贷款，还是政府扶贫贴息贷款、社区发展基金等传统金融扶贫手段都可以依靠大数据支撑的信用系统实现贫困人群数据的精准分类以及标准化管理。金融机构可以在此基础上对贫困人群进行精准筛选，完善风险分担机制，一定程度上保障了金融扶贫的可持续性。同时，由于降低了授信时对担保的依赖，可以推进客户群体的下沉，提高金融资源配置效率。另一方面，网络银行、手机银行、网络证券公司、网络保险公司等互联网金融化产品不断涌现，可以以信息与成本优势发挥长尾效应，将更多的贫困人群纳入，接触传统金融难以接触者；同时满足贫困人群除信贷以外的储蓄、支付、汇兑、结算等全面的金融需求，进而实现金融包容性发展的需要。

此外，扶贫贴息贷款凭借政府的信息优势同样也能达到降低信息不对称程度的效果。我国目前基本形成了以中国农业银行为发放主体、按"到户贷款"和产业化扶贫龙头企业与基础设施等项目贷款两部分进行操作的扶贫贴息贷款体系，扶贫贴息贷款在总的扶贫资金中已占到55.9%，成为我国金融扶贫中最重要的手段。近年来随着精准扶贫政策的落实推行，贫困户建档立卡的工作逐步展开，政府掌握了大量的贫困人群信息，政府与金融机构之间实现信息共享并借助扶贫贴息贷款手段取得了金融扶贫的较好效果。

（二）降低交易成本

通过降低金融交易成本，也能够实现对贫困人群金融供给的增加，进而缓解贫困。相比其他金融工具，互联网金融借助 ICT 技术可以实现金融交易成本的有效降低。一方面凭借网络规模效应降低边际交易成本，另一方面以网上业务逐步取代实体营业网点，大幅降低实体网点铺设与运营成本。以手机银行为例，学者研究发现手机银行降低了金融机构为贫困人群提供服务的成本，使得金融服务可得性提高（Demombynes、Thegeya，2012）。目前手机银行主要有三种不同的经营模式：银行＋客户模式、银行＋零售代理商＋客户模式、移动运

营商 + 零售代理商 + 客户模式。前两种均需要客户拥有银行账户，因此可能会在贫困地区推广中遇到一定困难。而第三种模式只需移动运营商为客户提供虚拟账户，客户就可以通过虚拟账户获取存贷、支付等各类金融服务，更适合在贫困地区推广实施。该模式在非洲、南亚一些国家的成功佐证了上述观点。比较典型的有肯尼亚的 M-Pesa、南非的 Wizzit 和 MTN Mobile Money 以及菲律宾的 SMART Money 和 G-Cash。这些地区手机银行的发展有一些共同特征，比如移动运营商为客户提供集成了金融应用功能的 SIM 卡，客户可以在邮局、药店、超市等零售代理商处注册账户，通过手机即可以实现相应的现金存取、转账、支付等各种金融服务；手机银行的推广依赖于移动产品普及率的提高和城镇化的发展；手机银行的用户群体具有一定的知识水平和金融素养，较少的金融排斥水平保证了手机银行的使用效率。由于手机银行具有方便快捷、成本低的明显优势，所以在上述国家和地区发展迅速，其中肯尼亚 2013 年底的客户已达 1710 万户，占全国人口的 40.91%（苑基荣，2014）。

我国农村已经具备了发展手机银行的基础条件。截至 2015 年 12 月，我国手机网民规模达 6.88 亿，互联网普及率达到 50.3%。其中农村网民整体规模达 1.95 亿，与 2014 年相比，增幅为 9.5%，超过了城市 4.8% 的增幅，反映出农村互联网的普及正在加速。另外，中国农村地区 16~59 岁人口中智能手机普及率为 32%，具备了发展手机银行的基础硬件条件。虽然由于数字鸿沟、知识鸿沟的存在，手机银行在农村地区推广面临一定困难（马九杰、吴本健，2014），但其内在优势决定了在金融扶贫的推进中大有可为。

（三）保障金融扶贫可持续性

除了信息与成本问题，对贫困人群的金融服务具有风险高、利润低的特点，金融机构可能面临长期低利润甚至亏本的经营，这必然挫伤金融机构参与的积极性和自身可持续发展的能力。而保障金融扶贫可持续进行，最根本的就在于提高贫困人群生产经营能力，从多个维度缓解其能力贫困问题。从这一角度出发，目前国内外较为成功的经验包括格莱珉银行的小额信贷模式、农业价值链金融等。

小额信贷是目前国际上金融扶贫的重要手段之一。自 20 世纪 70 年代，国际小额信贷蓬勃发展，以格莱珉银行最为成功。格莱珉银行建立了一套完善的动态激励机制和约束机制保障可持续经营，包括选择资本边际效益最大的妇女作为贷款对象、以贫困人群之间的社会资本进行抵押品替代、灵活的分期还款制度、定期会议制度等克服了有限信息和利己的机会主义行为，减少了信息约束下的逆向选择和道德风险，保障了经营的可持续性（唐柳洁、崔娟，2010）。同时，在扶贫中关注贫困人群能力提高的一系列制度设计是格莱珉银行能够保持 98% 的高额还款率的重要原因。比如，以强制储蓄制度培养贷款人的储蓄习惯和理财能力；在提供信贷服务的同时提供配套的技术支持和技术培训等非金融服务，以此加强借款人的还款能力；通过建立包括基金、信托、电信、电话等产业在内的扶贫生态圈给予有金融需求且有一定经营能力的贫困人口就业机会以此减少项目投资的风险，等等。贫困人群自身能力的提高才能真正保障小额信贷的效率及可持续性。

农业价值链金融同样是促进金融扶贫可持续性的有效模式之一，它包括生产者驱动、购买方驱动、垂直一体化、NGO 或政府部门推动等多种不同的模式（Miller、Jones，2010）。以买方驱动的订单农业为例，买方与农户之间签署的订单合同为银行提供了一种资金安全的信号，保障了价值链金融的可持续运行（马九杰，2011）。农民与其他相关利益方签署的合同，不仅包括对农产品价格、数量、交易日期等条件做出规定，更重要的是规定价值链中的龙头企业如何为农民提供生产资料、资金或技术指导（Winn et al，2009），促进农民生产能力的提高。以荷兰的农业价值链金融为例，荷兰合作银行针对农业产业链本身的复杂性及各环节经营主体融资需求的多样性，运用多元化的金融工具为客户提供全方位的融资解决方案，并再为客户提供附加的信息及技术服务，保障了农业价值链中农民金融需求的满足及信贷的可持续性。

三、结论

根据上文从金融机构、金融工具角度对国际社会金融扶贫的经验进行比较，可以发现：金融并非不能扶贫，在多维贫困视角下，金融可以作为缓解收入贫困以及能力贫困的有效手段。金融扶贫给贫困人群提供的不应仅仅是金融资本的注入，更多的是如何使贫困人群依靠这些金融资本和扶贫过程当中金融机构的持续服务来提高自我素质和发展能力，能够在生产活动中找到脱离贫困的有效手段和方法（曾康霖，2006）。对机构而言，立足于改善贫困人群的金融弱质性，解决贫困人群的"能力贫困"问题，是保证金融减贫扶贫工作持续推进的根本。

为提升扶贫效果，可以从机构和工具角度进行政策选择。

从金融机构的角度看，传统的"小银行优势"依然存在，但随着信息技术的发展，这种优势相较于大的金融机构已经越来越不明显，在扶贫中既要充分发挥小银行优势，又不能忽视大型金融机构的作用。从机构数量视角看，并不意味着参与机构越多扶贫的效果越好，由政府强制手段来推动银行的数量扩张可能会导致社会资源的浪费。从金融机构的经营模式看，合作性金融相较于商业性金融在扶贫中更具优势，应依据我国的实际积极引导和充分发挥合作性金融的扶贫减贫作用。

从金融工具的角度看，金融扶贫中的现有各类产品在解决信息与成本问题以及推进机构持续经营上各具优势，鉴于近年各国小额信贷发展中的问题与质疑，金融扶贫的推进不应仅仅局限于小额信贷等传统手段，还应借助现代信息通信技术（ICT）带来的发展契机，积极利用以移动运营商为主导的手机银行、农业价值链金融等各种金融创新工具。

当然，不管外在形势如何变化，金融扶贫的推进始终需要在政府政策的支持和引导下，依靠现有农村金融体系、依靠市场机制进行。一方面政府应加大贫困地区金融基础设施建设，完善金融服务体系；另一方面政府应与金融部门紧密合作，帮助其减少自然风险和市场风险，提高其参与扶贫的积极性。

参考文献

［1］郭利华，毛宁，吴本健. 多维贫困视角下金融扶贫的国际经验比较：机理、政策、实践［J］. 华南师范大学学报（社会科学版），2017（4）：26-32.

［2］马九杰，王国达，张剑. 中小金融机构与县域中小企业信贷——从需求端对"小银行优势"的实证分析［J］. 农村技术经济，2012（4）：4-13.

［3］Berger, A.N., Udell, G.Small business credit availability and relationship lending: The importance of bank organizational structure［J］.Economic Journal, 2002（112）：F32-F53.

［4］Liberti, J., Mian, A.Estimating the effect of hierarchies on information use［J］. Review of Financial Studies, 2009（22）：4057-4090.

［5］陈晞."小银行优势"的理论突破与实践新发展［J］.金融与经济，2010（10）：15-18.

［6］Campello, M., Graham, J.R., Harvey, C.R.The real effects of financial constraints: Evidence from a financial crisis［J］.Journal of Financial Economics, 2010（3）：470-487.

［7］Berger, A.N., Christa, H.S.Bouwman, D.K.Small Bank Comparative Advantage in Alleviating Financial Constraints and Providing Liquidity Insurance Over Time ［R］. Working Paper, 2015（6）.

［8］Greenstone, A.Mas, H.L.Nguyen, Do credit market shocks affect the real economy? Quasi-experimental evidence from the Great Recession and 'normal' economic times ［R］.NBER Working Paper, No.20704, 2014：1-58.

［9］Berger, A.N., Bouwman, C.How does capital affect bank performance during financial crises? ［J］. Journal of Financial Economics, 2013（1）：146-176；3；54.

［10］杜创."小银行优势"理论面临的挑战——国外研究进展及评论［J］.金融评论, 2010（6）：118-119.

［11］程超, 林丽琼.银行规模、贷款技术与小微企业融资对"小银行优势"理论的再检验［J］.经济科学, 2015（4）：54-56.

［12］Banerjee, A.V., Newman, A.F.Occupational Choice and the Process of Development ［J］.Journal of political economy, 1993（1）：274-298.

［13］Burgess R, Pande R.Do Rural Banks Matter? Evidence from the Indian Social Banking Experiment ［J］.American Economic Review, 2005, 95（3）：780-795.

［14］Kumar, M., Bohra.N.S., Johari, A.Micro-Finance as an Anti Poverty Vaccine for Rural India ［J］.International Review of Business and Finance, 2010（1）：29-35.

［15］Fulford, S.L.The effects of financial development in the short and long run：Theory and evidence from India ［J］.Journal of development Economics, 2013, 104：56-72.

［16］Panagariya, A.India：The Emerging Giant ［M］.Oxford University Press, 2008.

［17］Ayyagari, M., Beck, T., Hoseini, M.Finance and poverty：evidence from India ［R］.CEPR Discussion Paper, No.DP9497, 2013.

［18］朱超.农村金融体系发展中的政府干预——以印度为例［J］.经济与管理研究, 2007（1）：93-94.

［19］Perilleux A，Nyssens M.Understanding Cooperative Finance as a New Common ［R］.UCL，2016：1-29.

［20］Oluyombo O O.Impact of Cooperative Finance on Household Income Generation ［J］. DLSU Business & Economics Review，2013，23（1）：1-1.

［21］Boland M，Barton D G.Overview of Research on Cooperative Finance ［J］.Journal of Cooperatives，2013，27.

［22］Akinsoyinu C A.Efficiency Evaluation of European Financial Cooperative Sector. A Data Envelopment Analysis Approach ［J］.International Journal of Academic Research in Accounting，Finance and Management Sciences，2015，5（4）：11-21.

［23］谢平.中国农村信用合作社体制改革的争论［J］.金融研究，2001（1）：1-13.

［24］Fries，R.Akin B.Value Chains and Their Significance for Addressing the Rural Finance Challenge ［M］.USAID，2004：1-31.

［25］Wuttke，D.A.，Blome，C.，Foerstl，K.，Henke，M.Managing the Innovation Adoption of Supply Chain Finance—Empirical Evidence from Six European Case Studies ［J］.Journal of Business Logistics，2013（2）：148-166.

［26］丁杰.互联网金融与普惠金融的理论及现实悖论［J］.财经科学，2015（6）：1-10.

［27］Demombynes G，Thegeya A.Kenya's Mobile Revolution and the Promise of Mobile Savings ［J］.Social Science Electronic Publishing，No5988，2012.

［28］苑基荣.手机银行走俏非洲［N］.人民日报，2014-3-24（22）.

［29］马九杰，吴本健.移动金融与普惠金融研究——互联网金融创新对农村金融普惠的作用：经验，前景与挑战［J］.农村金融研究，2014（8）：4-11.

［30］唐柳洁，崔娟.制度视角下发展中国家小额贷款运营机制研究——以格莱珉银行为例［J］.经济问题，2010（4）：118-121.

［31］Miller C, Jones L.Agricultural value chain finance：tools and lessons ［J］.
　　　Agricultural Value Chain Finance Tools & Lessons，2010：27–54.

［32］Winn，M., Miller，C., Gegenbauer，I.The Use of Structured Finance Instruments
　　　in Agriculture in Eastern Europe and Central Asia ［R］.AGSF Working Document，
　　　No.126，2009.

［33］曾康霖.推进农村金融改革中值得思考的几个问题 ［J］.财经科学，2006
　　　（12）：84–88.

第三章 金融扶贫政策演变：机构、产品、外部保障视角

我国自 1985 年开始大规模开发式扶贫，金融在其中始终发挥着重要的作用。在 1985—2000 年大规模扶贫开发阶段中，金融机构和产品单一，金融发展水平较落后，主要通过促进农村经济增长而间接实现减贫功能。在 2001—2010 年综合式扶贫开发阶段，金融扶贫手段趋于多样化，通过间接机制和提供借贷等各种金融直接服务机制同时发挥作用；在 2011 年至今的扶贫攻坚和精准扶贫阶段，农村金融服务开始全面布局，并注重配合多维贫困问题的解决，为贫困地区可持续脱贫奠定了基础。在接下来的深度扶贫攻坚阶段，金融扶贫政策需要按照深度贫困地区和人群的需求做深度调整，有方向、有重点，着力解决能力贫困的问题，推进脱贫攻坚战的最后胜利。

金融扶贫需要依靠金融机构、金融工具来实现，也需要良好的金融生态环境。参与金融扶贫的金融机构包括农业发展银行、农信社等银行业金融机构；村镇银行等新型农村金融机构；也包括证券业，保险业、基金业和其他金融机构。从金融工具的角度看，包括扶贫贴息贷款、农户联保贷款、小额信用贷款等各类扶贫贷款；特色种养业险种、涉农信贷保证保险、农产品价格保险等各类保险产品；农产品期货、贫困地区企业私募股权投资基金、贫困地区产业投资基金、扶贫公益基金等各类资本市场金融工具以及包括手机银行、农业众筹在内的互联网金融产品。从金融生态建设的角度看，农村金融基础设施建

设、农村信用乡镇建设，面向少数民族聚居区的金融知识普及等都是亟须展开的工作。

自 1985 年以后，我国开始进行有组织的、大规模的开发式扶贫，各类扶贫文件开始大量出现。中华人民共和国人民政府、国务院扶贫领导开发小组办公室、中国人民银行、中华人民共和国财政部、中国银行业监督管理委员会、中国证券监督管理委员会和中国保险监督管理委员会共 8 个机构颁布了一系列扶贫文件，对农村金融和金融扶贫任务的开展出具了相关指示。特别是 2011 年至今，文件数量增长很快，由于财政部在 2015—2017 年间共有 17 份文件对"财政与金融资本合作"的有关问题提出了意见，使 2015—2016 年间的文件增长出现了峰值（见图 3-1）。从文件规制对象来看，涉及金融工具的文件数量最多，其次是机构建设，农村金融生态建设和政策保障（见图 3-2）。总结并讨论不同扶贫阶段中金融扶贫政策演变特征是本章的主要工作。

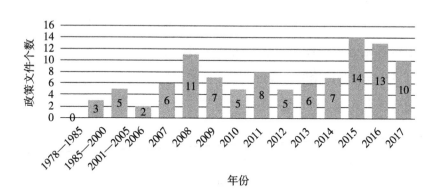

图 3-1　1978—2017 年金融扶贫政策文件数量

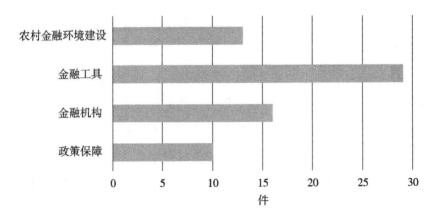

图 3-2　1978—2017 年金融扶贫手段的政策词条数量分布

一、金融扶贫参与机构

金融扶贫的参与机构随着扶贫方针的演变而不断增加。1978—2000年的救济式扶贫和开发式扶贫阶段，也是扶贫方针的初步确定阶段。当时主要的扶贫政策包括"以工代赈""三西"农业建设等。"以工代赈"计划于1984年开始实施，是由原国家计划委员会安排投资，为改善贫困地区基础设施建设而设立的扶贫计划。"三西"农业建设是在1982年，将全国最为贫困的甘肃定西、河西和宁夏西海固的集中连片地区列为专项建设计划，进行区域性的专项扶贫工作。自1986年起，中国政府开始采取一系列重大措施：成立专门扶贫工作机构，安排专项资金，制定专门的优惠政策，并对传统的救济式扶贫进行彻底改革，确定了开发式扶贫方针。1986—2000年，《国务院关于印发国家八七扶贫攻坚计划的通知》（国发〔1994〕30号）是指导扶贫工作的纲领性文件，该计划明确提出，集中人力、物力、财力，动员社会各界力量，力争用7年左右的时间，基本解决农村贫困人口的温饱问题。其中明确提出，国家扶贫贷款从1994年起全部划归中国农业发展银行统一办理。

自 2008 年起，相关机构开始发文反复强调发挥农村信用社等金融机构支农主力军作用（国办发〔2008〕126 号、银发〔2014〕65 号）。希望其承担起空白乡镇金融服务全覆盖，包括人口较少民族聚居区的金融服务普及问题。

借新型金融机构设立之机，2008 年银监会提出扩大村镇银行、小额贷款公司试点（银发〔2014〕65 号），继续鼓励和引导商业银行和社会资金投资设立村镇银行、贷款公司和农村资金互助社、小额贷款公司等（银发〔2010〕198 号）。在新型金融机构试点十年之际，一方面提出继续支持民间资本在贫困地区优先设立金融机构，另一方面强调培育村镇银行，并规范小额贷款公司、贫困村资金互助组织、新型农村合作金融组织（银发〔2014〕65 号）。从鼓励和引导到培育和规范，可以看得出政策演变的路径。

2014 年，事业部改革如火如荼，银监会等机构提出一方面深化中国农业银行"三农金融事业部"改革，一方面要求国家开发银行、中国农业发展银行分别设立"扶贫金融事业部"，突出扶贫金融的规范化、组织化运行（银发〔2014〕65 号、中发〔2015〕34 号）。同时强调鼓励国家开发银行、中国农业银行、中国邮政储蓄银行在支持贫困地区基础设施建设、通过机构网点功能建设，探索资金回流贫困地区的途径（银发〔2014〕65 号）。

在充分发挥资本市场金融扶贫功能的考虑下，银监会提出支持鼓励银行、证券、保险机构在贫困地区设立分支机构（银发〔2014〕65号）。鼓励保险机构在贫困地区建立基层服务网点（国发〔2011〕35号），加大农业保险对人口较少民族聚居区的覆盖面（民委发〔2011〕70 号），并特别强调保险在降低贫困人群脆弱性中的作用，要求健全农业保险基层服务体系，形成适度竞争的市场格局（国办发〔2016〕87 号）。

上述金融机构发展历程可见，中国农业银行、邮政储蓄银行或农村信用社依然是农村金融的主力军，而逐渐规范发展起来的村镇银行、小额贷款公司、资金互助组织等对农村金融全面发展做了有利补充。证券、基金等机构在贫困地区产业发展中开始发挥着越来越重要的作用，而保险机构在降低贫困农户的脆弱性、增强其风险抵御能力等方面的作用逐渐被挖掘和认识。这些金融机构在农村贫困地区开设网点，创新业务，实现空白乡镇的金融服务全覆盖，为扶贫工作的顺利开展提供了强有力的支持（见表3-1）。

表3-1　参与扶贫的金融机构（1978年至今）

年份	文件序号	要点
1978—2000	国发〔1994〕30号	国家扶贫贷款从1994年起全部划归中国农业发展银行统一办理。
2000—2013	国办发〔2008〕126号	发挥农村信用社等金融机构支农主力军作用，扩大村镇银行、小额贷款公司试点。
	银发〔2010〕198号	做实中国农业银行"三农金融事业部"，充分发挥政策性银行作用；鼓励和引导商业银行和社会资金投资设立村镇银行、贷款公司和农村资金互助社、小额贷款公司；培养和锻炼创新型农村金融人才。
	国发〔2011〕35号	尽快实现空白乡镇金融服务全覆盖；贫困地区将新增可贷资金70%以上留在当地使用。
	民委发〔2011〕70号	鼓励金融机构在人口较少民族聚居区设立营业网点或开展手机银行等。
	其他通知文件：分别关于农村商业银行、农村合作银行、农村信用社、村镇银行、农村资金互助社、小额贷款公司、中国农业银行三农金融事业部有关通知。包括：银发〔2008〕137号、银监发〔2003〕10号、银监发〔2003〕12号、银监发〔2007〕5号、银监发〔2007〕7号、银监办发〔2007〕51号、银监办发〔2008〕18号、银监发〔2008〕23号、银监发〔2009〕35号、银监发〔2009〕48号、银监发〔2009〕72号、银监办发〔2011〕74号、银监发〔2011〕81号、银监办发〔2012〕190号。	

续表

年份	文件序号	要点
2014年至今	国办发〔2008〕126号	发挥农村信用社等金融机构支农主力军作用，扩大村镇银行、小额贷款公司试点。
	国办发〔2014〕17号	支持组建服务"三农"的金融租赁公司，支持融资性担保机构为农业生产经营主体提供服务。
	中发〔2015〕34号	国家开发银行、中国农业发展银行分别设立"扶贫金融事业部"；扶持培育农民资金互助组织，农民合作社信用合作试点；支持设立政府出资的融资担保机构，开展扶贫担保业务。
	国办发〔2015〕93号	鼓励金融机构与新型农业经营主体建立紧密合作关系，推广产业链金融模式，加大对农村产业融合发展的信贷支持。
	国办发〔2016〕87号	积极引导互联网金融、产业资本开展农村金融服务；健全农业保险基层服务体系，形成适度竞争的市场格局。
	国办发〔2017〕50号	协调亚洲基础设施投资银行、金砖国家新开发银行支持边境地区发展。
	其他文件：分别关于村镇银行的健康发展、民间资本进入农村金融机构，以及三农金融服务机制建设监管指引等问题的文件。包括银监发〔2014〕46号、银监发〔2014〕45号、银监办发〔2014〕287号。	

二、金融扶贫中的金融工具

（一）扶贫贷款（1985年至今）

救济式扶贫和开发式扶贫阶段的主要金融扶贫手段是银行信贷资金，针对贫困人群的金融工具、服务缺乏，抵押、担保等保证措施也没有，金融扶贫的效率低下，已有的金融扶贫手段主要是通过金融参与减贫的间接机制带动农村经济发展，进而帮助农村实现脱贫。

精准扶贫和扶贫攻坚阶段，农村金融产品增多，服务创新速度加快。各类扶贫贷款仍然是主要的金融政策工具，小额信贷、扶贫贴息贷款、农户联保贷款和小额担保贷款发展进程迅速。政策上鼓励各类农村金融机构建立和完善农户资信评价体系，积极发放小额信用贷款和农户联保贷款，支持银行业金融机构通过批发或转贷方式间接参与小额信用贷款业务（银发〔2008〕295 号、国发〔2011〕35 号、中办发〔2013〕25 号）。同时，为了增加贷款的可获得性，探索发展抵押贷款、质押贷款。政策中指出要探索发展大型农用生产设备、林权、水域滩涂使用权、农村土地承包经营权和宅基地使用权等抵押贷款，规范发展应收账款、股权、仓单、存单等权利质押贷款（银发〔2010〕198 号、中办发〔2013〕25 号）。

政策梳理中发现，贷款创新形式多样，免抵押免担保的创新能够增加贷款可获得性，使更多的贫困人群能够享受到金融服务，另外，国家的优惠补贴政策，也保证了各类农村金融机构开展贷款业务的积极性。相较于贷款而言，农业保险以及期货、债券、股票市场的创新相对不足，但政策上也给予了积极鼓励和引导。总的来说，这段时期的农村金融创新不断，但产品和服务还不全面、不完善、不成熟，需要继续探索发展全方位、多样式的农村金融产品和服务，提升贫困地区人群和涉农企业的资金获取能力，实现农村金融体系全面发展。

从贷款流向上看，金融扶贫贷款一方面主要关注利于农村增收的产业项目，基础设施建设项目等，另一方面直接关注弱势群体的金融需求。

国发〔2001〕23 号明确提出，中国农业银行要逐年增加扶贫贷款总量用于重点贫困地区，支持能够带动贫困人口增加收入的种养业、劳动密集型企业、农产品加工企业、市场流通企业以及基础设施建设项目。银发〔2008〕361号、银发〔2010〕198号也明确提出加强对农业农村基础设施建设的信贷支持，鼓励和引导银行业金融机构围绕农田水利基本建设、农业综合开发、统筹城乡发展、农业商品基地建设等重点领域。

从弱势群体的金融需求看，政策鼓励及时发放并不断加大国家助学贷款政策的落实力度，鼓励农村信用社、城市商业银行和其他中小金融机构积极为高校贫困新生顺利入学所需路费和食宿等费用提供生源地小额贷款支持（银发〔2004〕191号、民委发〔2011〕70号）。

实施残疾人康复扶贫贷款项目（国发〔2011〕35号）、推进农村青年创业小额贷款和妇女小额担保贷款工作，改善对农村残疾人扶贫基地等经营组织的金融服务（中办发〔2013〕25号）。上述政策的出台帮助最需要资金的贫困群众解决了燃眉之急，提高了金融服务的瞄准性和可获得性（见表3-2）。

表 3-2　扶贫贷款（1985 年至今）

年份	文件序号	要点
1985—2000	国发〔1985〕65号	扶贫贷款单列科目；在同等条件下，对贫困户应予优先照顾，自有资金比例可以适当降低，贷款期限可以适当延长；付不起利息的，可用救济款或其他财力贴息补助。
	国发〔1994〕30号	从1994年起再增加10亿元以工代赈资金，10亿元扶贫贴息贷款执行到2000年；银行扶持贷款用于经济效益较好、能还贷的开发项目。

续表

年份	文件序号	要点
2001—2013	国发〔2001〕23 号	中国农业银行增加扶贫贷款主要用于支持能够带动贫困人口增加收入的产业以及基础设施建设项目；推广扶贫到户的小额信贷。
	国办发〔2008〕126 号	增加扶贫贴息贷款；建立农村信贷担保机制；指导农村金融机构开展林权质押贷款业务。
	银发〔2008〕295 号	积极发放农户联保贷款；探索发展抵押贷款、质押贷款以及基于订单与保单的金融工具，开发"信贷＋保险"；鼓励地方政府建立涉农贷款风险补偿制度，建立保险补贴金制度。
	银发〔2010〕198 号	探索开展农村土地承包经营权和宅基地使用权抵押贷款业务；鼓励设立涉农担保资金或成立涉农担保公司。
	国发〔2011〕35 号	继续完善国家扶贫贴息贷款政策；鼓励开展小额信用贷款；落实好小额担保贷款政策；实施残疾人康复扶贫贷款项目。
	中办发〔2013〕25 号	推进农村青年创业小额贷款和妇女小额担保贷款工作；改善对农业产业化龙头企业、家庭农场、农民合作社、农村残疾人扶贫基地等经营组织金融服务。
	其他通知文件：分别关于农村小额贷款、农村合作金融机构社团贷款、农产品生产加工流通信贷资金、阳光信贷工程、富民惠农工程、农户贷款和林权抵押贷款有关通知。包括银发〔2008〕238 号、银监发〔2007〕67 号、银监发〔2006〕37 号、银监办发〔2010〕350 号、银监办发〔2012〕191 号、银监办发〔2012〕189 号、银监发〔2012〕50 号、银监发〔2013〕32 号。	

续表

年份	文件序号	要点
2014年至今	银发〔2014〕65号	大力发展大型农机具、林权抵押、仓单和应收账款质押等信贷业务；稳妥开展农村土地承包经营权抵押贷款和慎重稳妥推进农民住房财产权抵押贷款工作。
	国办发〔2014〕17号	加大对农业开发和农村基础设施建设的中长期信贷支持；优化支农再贷款投放机制；推广应用微贷技术。
	国办发〔2015〕47号	进一步提高返乡创业的金融可获得性，完善返乡创业信用评价机制，扩大抵押物范围。
	中发〔2015〕34号	对有稳定还款源的扶贫项目，允许采用过桥贷款方式；支持为贫困户提供扶贫小额信贷，由财政按基础利率贴息；支持贫困地区设立扶贫贷款风险补偿基金。
	国办发〔2016〕93号	鼓励银行业为农产品生产、收购、加工、流通和仓储等各环节提供多元化金融服务；政策性金融机构要适当扩大农产品加工担保业务规模；创新"信贷＋保险"、产业链金融等多种服务模式。

（二）资本市场金融产品

农业保险自1985年鼓励试点（国发〔1985〕65号），2008年发布政策要求进一步扩大农业保险覆盖范围，鼓励开发农业和农村小额保险及产品质量保险（国办发〔2008〕126号），积极探索开展涉农贷款保证保险（银发〔2010〕198号），鼓励保险机构建立基层服务网点；完善中央财政农业保险保费补贴政策；鼓励发展特色农业保险国发〔2011〕35号。另有15份文件涉及生猪保险和防疫工作、能繁母猪保险、政策性农业保险以及农业保险的承保管理工作、理赔管理工作、条款和费率管理、业务经营资格管理、财政补贴保费及年度农业保险等工作。农业保险在降低贫困人群脆弱性、减少风险损失方面的作用被日益重视（见表3-3）。

表3-3　农业保险（1985年至今）

年份	文件序号	要点
1985	国发〔1985〕65号	农村社会保险事业，应当逐步走上制度化，有关部门应选择若干乡镇，结合乡财政建设，举办试点，取得经验，逐步展开。
1994	国发〔1994〕31号	从1994粮食年度起，中央和各省、自治区、直辖市都必须建立足够的粮食风险基金。
2008	国办发〔2008〕126号	积极发展"三农"保险，鼓励保险公司开发农业和农村小额保险及产品质量保险。
2011	国发〔2011〕35号	鼓励保险机构建立基层服务网点；完善中央财政农业保险保费补贴政策；鼓励发展特色农业保险。

其他通知文件：分别关于生猪保险和防疫工作、能繁母猪保险、政策性农业保险的有关政策通知，农业保险的承保管理工作、理赔管理工作、条款和费率管理、业务经营资格管理、财政补贴保费及年度农业保险工作的通知。包括保监发〔2007〕68号、保监发〔2007〕83号、保监发〔2008〕1号、保监发〔2008〕22号、保监发〔2008〕61号、保监发〔2009〕56号、保监发〔2009〕86号、保监发〔2009〕93号、保监发〔2010〕42号、保监发〔2011〕17号、保监产险〔2011〕455号、保监发〔2012〕6号、保监发〔2013〕25号、保监发〔2013〕26号、保监发〔2013〕45号。

自2008年开始，鼓励债券市场、股票市场、期货市场在贫困地区开展业务。在债券发行方面，探索发行涉农中小企业集合债券，拓宽涉农小企业的融资渠道（银发〔2008〕295号），支持符合条件的优质涉农中小企业发行短期融资券、中小企业集合票据等非金融企业债务融资工具，进一步拓宽支持"三农"发展的直接融资渠道（银发〔2010〕198号）。要求推动期货市场稳步发展，探索农产品期货服务"三农"

的运作模式，尽快推出适应国民经济发展需要的钢材、稻谷等商品期货新品种（国办发〔2008〕126号），并鼓励农产品生产经营企业进入期货市场开展套期保值业务（银发〔2010〕198号）。在上市方面，要求进一步优化主板、中小企业板、创业板市场的制度安排，支持符合条件的贫困地区企业首次公开发行股票并上市，尤其是积极支持民族地区企业挂牌上市并融资，支持通过并购重组做优做强。继续暂免征收少数民族自治区"新三板"挂牌公司的挂牌费用，加快审核速度。利用私募基金、产业基金、区域性股权市场和期货市场，支持民族地区经济发展（中办发〔2013〕25号，国发〔2016〕79号）（见表3-4）。

表3-4　股票、期货、债券、基金（2008年至今）

年份	文件序号	要点
2008—2013	国办发〔2008〕126号	探索农产品期货，尽快推出钢材、稻谷等商品期货新品种。
	银发〔2008〕295号	探索发行涉农中小企业集合债券，拓宽涉农金融机构资金来源。
	银发〔2010〕198号	充分发挥银行间债券市场在管理农业风险方面的作用，引导农业企业资本市场融资；鼓励农产品生产经营企业在期货市场套期保值。
2014年至今	银发〔2014〕65号	支持符合条件的贫困地区企业公开发行股票并上市，鼓励上市企业公开增发、定向增发、配股等，支持并购重组实现整体上市。加强对贫困地区企业的上市辅导培育工作。加大私募股权投资基金、风险投资基金的创新，充分利用全国中小企业股份转让系统和区域性股权市场挂牌、股份转让功能。鼓励和支持贫困地区企业发行企业（公司）债券、短期融资券、中期票据、中小企业集合票据、中小企业私募债券等多种债务融资工具。

续表

年份	文件序号	要点
2014 年至今	国办发〔2014〕17 号	推动农产品期货新品种开发，完善商品期货交易机制，推动农民合作社等农村经济组织参与期货交易，鼓励农产品生产经营企业进入期货市场开展套期保值业务；探索建立农村地区证券期货服务模式。
	证监会〔2016〕19 号	支持贫困地区企业利用多层次资本市场融资，实行针对贫困地区的"即报即审、审过即发"政策；鼓励上市公司优先录用贫困地区的高校毕业生、建档立卡贫困人口；鼓励证券公司设立或参与贫困地区产业投资基金和扶贫公益基金；鼓励期货公司开展专业帮扶。
	国发〔2016〕79 号	积极支持民族地区企业挂牌上市并融资，支持通过并购重组做优做强。继续暂免征少数民族自治区"新三板"挂牌公司的挂牌费用，加快审核速度。支持民族地区企业发行债务融资工具和资产支持证券等。利用私募基金、产业基金、区域性股权市场和期货市场，支持民族地区经济发展。
	国办发〔2017〕17 号	支持农村基础设施重点项目开展股权和债权融资。建立并规范融资担保、保险等增信机制，提高各类投资建设主体的融资能力。

三、农村金融环境建设与政策保障

农村地区信用体系建设是提升金融扶贫效果的先决条件。自 2008 年开始，银监会连续发文，强调通过信用村镇建设、建立不同主体的电子信用档案、完善信用评价与共享机制等方式加强贫困地区农村信用建设，为农村金融发展创造基础条件（国办发〔2008〕126 号、国发〔2011〕35 号、银发〔2014〕65 号）（见表 3-5）。

表 3-5　农村金融环境建设（2008 年至今）

年份	文件序号	要点
2008—2011	国办发〔2008〕126 号	继续推动中小企业和农村信用体系建设。
	国发〔2011〕35 号	加强贫困地区农村信用体系建设。
	民委发〔2011〕70 号	加强对人口较少民族聚居区的金融知识普及教育和诚信教育，构建信用激励与约束机制，营造诚实守信的信用环境。
2008—2014	银发〔2008〕295、银发〔2009〕129 号、银发〔2010〕198 号	通过推行手机银行、联网互保、农民工银行卡、信用村镇建设等多种方式，推进农村金融服务手段电子化、信息化和规范化；建立健全农户、农民专业合作社和涉农企业的电子信用档案。
	银发〔2014〕65 号	深入开展"信用户""信用村""信用乡（镇）""农村青年信用示范户"创建活动；稳步推进农户、家庭农场、农民合作社、农村企业等经济主体电子信用档案建设，完善信用评价与共享机制；促进信用体系建设与农户小额信贷有效结合。
2015	国发〔2015〕74 号	支持银行机构在乡村布放 POS 机、自动柜员机等。支持农村金融机构接入人民银行支付系统或其他专业化支付清算系统。鼓励商业银行代理农村地区金融机构支付结算业务。鼓励通过财政补贴、降低电信资费等方式扶持偏远、特困地区的支付服务网络建设。

其他文件：分别关于农村信用体系建设工作、基础金融服务"村村通"的指导文件，包括银办发〔2015〕101 号、银监办发〔2014〕222 号。

　　为了调动金融机构参与扶贫的积极性，扩大扶贫贷款总量，银监会、国办、财政部等机构相继发文，给予支农贷款降低准备金率、减税、对贫困地区的存贷比、不良贷款率、资本充足率等实施差异化监管等措施（银发〔2014〕65 号、国办发〔2014〕17 号、〔2016〕22 号、中发〔2015〕34号等）。为充分发挥财政资金引导作用和杠杆作用，强调通过政府和社会资本合作、政府购买服务、贷款贴息、设立产业发展基金等有效方式，撬动更多金融资本（国办发〔2016〕22号）。其他银监会、国办、财政部等机构颁布的24项文件均涉及金融扶贫政策的外部保障问题（见表3–6）。

表3–6　金融扶贫的政策保障（2014年至今）

年份	文件序号	要点
2014年至今	银发〔2014〕65号	加大支农再贷款调剂力度，新增支农再贷款实行利率再降1个百分点的优惠；合理设置差别准备金动态调整公式参数；对贫困地区的存贷比、不良贷款率、资本充足率等实施差异化监管。
	国办发〔2014〕17号	适当降低开展"三农"金融服务的金融机构存款准备金率；切实落实一定比例存款投放当地的政策；综合运用奖励、补贴、税收优惠等政策工具，完善农户小额贷款税收优惠政策。
	中发〔2015〕34号	向金融机构提供长期、低成本资金，支持扶贫开发；设立扶贫再贷款，实行比支农再贷款更优惠的利率；动用财政贴息资金及金融机构富余资金，拓宽扶贫资金来源；由国家开发银行和中国农业发展银行发行政策性金融债、长期贷款，中央财政给予90%的贷款贴息，用于易地扶贫搬迁。
	国办发〔2016〕22号	通过政府和社会资本合作、政府购买服务、贷款贴息、设立产业发展基金等有效方式，充分发挥财政资金引导作用和杠杆作用，撬动更多金融资本。

续表

年份	文件序号	要点
		其他文件：分别关于财政支持建立农业信贷担保体系、金融企业涉农贷款和中小企业贷款损失准备金税前扣除有关问题、农业"三项补贴"改革工作、贫困县统筹整合使用财政涉农资金试点、普惠金融发展专项资金管理办法、财政农业保险保险费补贴管理、农业领域政府和社会资本合作、延续支持农村金融发展有关税收政策等相关内容的文件。包括：财农〔2015〕98号、财农〔2015〕121号、财农便〔2015〕383号、财税〔2015〕3号、财发〔2015〕26号、财发〔2015〕42号、财农〔2016〕26号、农办财〔2016〕40号、财发〔2016〕4号、财金〔2016〕85号、财金〔2016〕123号、财农〔2017〕4号、财农〔2017〕8号、财农〔2017〕40号、财办建〔2017〕30号、财金〔2017〕50号、财税〔2017〕44号。
		其余文件：国发〔2016〕21号、国发〔2016〕64号、国办发〔2016〕84号、国办发〔2017〕78号、银发〔2014〕42号、银监办发〔2014〕42号、银监办发〔2015〕30号。

四、结论

2001—2013年，国务院相继颁布实施了《中国农村扶贫开发纲要（2001—2010年）》（国发〔2001〕23号）、《中国农村扶贫开发纲要（2011—2020年）》（国发〔2011〕35号），这是在实现《国家八七扶贫攻坚计划》目标的基础上，在贫困人口由1985年的1.25亿人减少到2000年的3209万人，农村贫困发生率从14.8%下降到3.6%，大部分群众初步解决温饱问题的背景下，提出的纲领性扶贫文件。文件提出要坚持"开发式扶贫"，指出扶贫开发是长期历史任务，扶贫对象转向了集中连片特困地区，包括592个国家扶贫开发工作重点县和14.8万个贫困村，坚持政府主导、积极动员社会各界力量进行贫困地区社会、经济、文化的多重改造和建设。同时开始关注贫困人口的能力建设，明确提出要注重培养贫困人群的自我积累、自我发展能力。这个时期与金融扶贫相关的政策有 36 条之多，金融减贫机制得到一定程度的发挥。

2014 年至今，我国进入脱贫攻坚和精准扶贫阶段，为实现到 2020 年农村贫困人口摆脱贫困、贫困县全部"摘帽"，解决区域性整体贫困的既定目标，国务院出台了打赢脱贫攻坚战的决定。此阶段的扶贫开发工作以集中连片特殊困难地区为主战场，以在扶贫标准以下具备劳动能力的农村人口为主要对象。从解决多维贫困的视角，充分发挥政府、市场、社会多方的扶贫资源和力量，在逐步推进基本公共服务均等化基础上，注重增强扶贫对象自我发展能力，鼓励和帮助有劳动能力的扶贫对象通过自身努力摆脱贫困，确保到 2020 年，稳定实现扶贫对象不愁吃、不愁穿，其义务教育、基本医疗和住房有所保障的扶贫目标。

到了精准扶贫阶段，有关"农村金融发展"和"金融扶贫"的政策文件如雨后春笋般发布。汇总 2011 年至今的可查询政策文件，中共中央、国务院、中国人民银行等部门发布的 19 份政策文件对金融扶贫提出了指导意见；证监会、保监会、银监会、中国人民银行发布的 10 份文件对农村金融和金融扶贫任务的开展出具了相关指示；另外，财政部在 2015—2017 年间共有 17 份文件对"财政与金融资本合作"的有关问题提出了意见。

从金融政策上可以明显看出，此阶段的金融政策更倾向于全面改善贫困地区的金融服务水平。以金融机构主体多元化实现空白乡镇的金融服务全覆盖：支持民间资本在贫困地区优先设立金融机构，支持和鼓励银行、证券、保险机构在贫困地区设分支机构；各种金融产品的创新不断：除了针对小微企业、高校毕业生、农户、特殊群体以及精准扶贫对象的小额贷款以外，支持保险公司开发适合低收入人群、残疾人等特殊群体的小额人身保险及相关产品（国发〔2015〕74 号）；证券期货基金在帮助贫困人口降低脆弱性、增强资产收益能力等方面的作用也逐渐显现；提倡积极开展产业链金融服务模式，支持贫困地区企业利用多层次资本市场融资，各金融机构和监管部门为贫困地区企业开辟差异化管理，从而促进贫困地区经济发展。

截至 2017 年，我国剩余贫困人口大约为 4335 万人。这部分人群主要集中在生存环境恶劣、基础设施和公共服务缺口大的老、少、边、穷地区，"贫困程度深且长期陷于贫困状态"，即处于深度贫困状态。

解决深度贫困问题，建立以增强贫困人群能力为方向的"赋能"机制是解决问题的基本手段。金融作为缓解能力贫困的重要手段，在深度贫困攻坚阶段，可以通过激发贫困人群内在动力，帮助贫困群体真正推进脱贫—稳定脱贫—可持续脱贫。

从金融的视角，需要以多门类的金融组织结构、多元化的金融创新工具、从深度贫困地区和人群的需求出发，着力解决教育、产业、农村金融生态环境等领域的问题。

首先，推进农村公共生态环境发展。从物质基础设施上，引导金融部门和金融机构加强在农村基础设施和公共服务上的资金投入，充分发挥资本市场的作用，鼓励股票、债券、基金等金融产品的衍生与创新，提升贫困地区水利水电、公路交通、医疗、教育、卫生等发展水平；从完善农村金融生态环境的角度，农村信用体系建设对深度贫困人群提升服务的针对性和可获得性，推进电子支付、电子商务等服务在农村地区顺利开展具有重要意义。要继续落实"信用户""信用村""信用乡（镇）""农村青年信用示范户"创建活动，不断提高贫困地区各类经济主体的信用意识，稳步推进农户、农民合作社、龙头企业等经济主体电子信用档案建设，完善信用评价与共享机制，以良好的金融生态环境推进金融扶贫效果的提升。农村信用体系的建立，有助于减少农村金融的服务成本，同时增加农村金融服务的可获得性，为贫困地区的可持续性脱贫奠定基础。

其次，以教育投资阻断贫困的代际传递。充分发挥教育产业基金尤其是幼教产业基金的作用，发挥各类社会资本和 NGO 组织的作用，注重学前教育和基础教育投资，以更适合贫困地区脱贫、贫困人群发展的金融工具推进深度贫困的缓解。国务院办公厅关于深化产教融合的若干意见（国办发〔2017〕95 号）提到了鼓励企业和社会资本参与到教育中，过去三年超过 35 家上市公司，发起了超过 40 个教育产业基金，这个领域的投资规模与增长速度是有目共睹的。教育投资是解决深度贫困问题，阻断贫困代际传递的根本出路。

最后，以规模化、组织化的产业扶贫手段推进深度贫困人口脱贫。深度贫困人口人力资本缺乏，就业竞争力差，必须依赖强有力的产业扶持才能逐渐脱贫。多元化的金融机构和金融工具、政府与社会资本的充分合作等因素在推进产业发展中的作用巨大。发挥绿色企业债、绿色公司债、绿色金融债、绿色结构类融资工具以及非金融企业绿色债券融资工具在深度贫困地区资源开发利用、污染防治、生态农林业、节能环保产业、低碳试点示范等领域的作用。发挥产业融资担保基金和政策性产业融资担保机构的作用，变银行企业双方对接为银企保三方合作，助力企业发展，增强企业融资能力。通过政府和社会资本合作、充分发挥财政资金引导作用和杠杆作用，撬动更多金融资本服务产业发展。

第四章　传统金融扶贫手段的发展与创新

为了推动金融扶贫，我国自 20 世纪 80 年代开始实施农信社小额信贷、农村资金互助社、农业保险等金融扶贫模式，同时资产收益扶贫、粮食银行、格莱珉小额信贷模式等金融创新在扶贫攻坚战中也发挥了重要的作用。

一、农村信用合作社

农村信用合作社（以下简称农信社）是农村金融体系中的重要组成部分，是有中国特色的农民合作金融组织。农信社于 1951 年建立，成立初衷是为了改造传统的小农经济和建立坚实的公有制基础，其政治和社会功能被摆在了首位。成立初期，合作金融配合生产领域的生产合作和供销领域的供销合作，对于筹集闲散资金、维护农村稳定发挥了重要的作用。

改革开放以后，面对巨大的农村金融需求，股份公司制度逐渐与合作金融制度融合形成了农村合作银行，自 1993 年开始出现并发展迅速。农村合作银行坚持合作金融本质同时兼具股份制的产权和治理结构，提升了合作金融的运作效率，是与时俱进的合作金融制度创新。

2000 年左右，关于合作金融是否适合市场经济大潮的争论日益激烈，同时大规模工商资本开始进入农信社系统，商业化改革思路开始占据上风，所以自 2011 年之后掀起了向农村商业银行全面转型的大潮。

目前农信社在组织形式上基本实现了由合作制向商业化的转变，在产权结构上实现了由乡级法人—县乡两级法人—县级统一法人的转变，据《2017 年第四季度中国货币政策执行报告》的数据，截至 2017 年年末，全国共组建以县（市）为单位的统一法人农村信用社 907 家，农村商业银行 1262 家，农村合作银行 33 家。

农信社从建立至今的发展转型实践中，以下三方面的矛盾一直相伴相生。

第一，目标异化。农信社是合作金融组织，合作金融的本质属性是互帮互助的信用关系，更多反映的是社会与政治功能。但自 1993 年开始的合作银行转型，特别是 2000 年开始的农村商业银行转型则凸显了商业与经济功能，作为合作金融本质属性的派生功能，与本质属性对立矛盾存在，表现在现实中就是农信社支农助农目标的偏离，转型后的农商行不仅不再可能承担农业农村发展的支持力量，反而可能成为农村金融资源的"抽水机"。这种行政主导的强制性制度变迁导致了合作金融的强制性功能异化。

第二，宗旨冲突。农信社作为合作金融组织，具有基于地缘和血缘关系上的内部信息成本最小化特点，在服务三农的小额融资需求中具有比较优势，因而其服务绩效在各种金融服务中是最高的。但全面的商业化改革则抛弃了这种优势，以利润最大化为基本原则的农村商业银行为盈亏考虑，很难兼顾利润与服务三农的双重目标，反而从整体上增加了农村金融体系的交易成本、信息费用。

第三，管理体制羁绊。成立省联社是农信社发展改革的阶段性重要举措。此举确定了农信社行业服务与管理的专职机构，将管理权下放到地方政府，明确了其"管理、指导、协调和服务"的管理责任，即地方政府从宏观层面做好"管理、指导、协调"，防止出现系统性风险，从微观上做好"服务",减少基层法人的办事成本和难题,推进整个农信系统的发展壮大。这场从江苏推向全国的省联社改革对于地方政府集中金融资源、助力地方经济发展发挥了重要的作用。

随着外部环境变化,省联社体制改革迫在眉睫,争议的焦点在于省联社在发挥行业服务功能的同时是否保留行业管理职能。鉴于大规模商业化改革后以民营资本占绝对优势的商业银行过于追求商业目标而出现的目标偏离现象,以及商业化改革初期由于治理不规范不健全出现的关联交易、利益输送等现象,部分意见认为,在"去行政化"改革大背景下,省联社的行业管理职能仍有必要保留。但省联社与已经改制完成的农商行以及农信社之间的冲突也在不断升级。鉴于此,省联社改革迫在眉睫,省联社的改革问题已经连续三年写入中央一号文件,2016 年提出"开展省联社改革试点";2017 年提出"抓紧研究制定省联社改革方案",2018 年的《中共中央国务院关于实施乡村振兴战略的意见》中,提出"要推动农村信用社省联社改革,保持农村信用社县域法人地位和数量总体稳定"。不管未来改革具体路径如何,但基本方向是有共识的,就是面对乡村振兴的新需求和新机遇,坚持服务三农的宗旨,在保证行业发展稳定、有效防范系统风险的前提下寻求改革与发展之路。

二、资金互助社

2015 年中央一号文件提出,要积极探索新型农村合作金融发展的有效路径。实践中,新型合作金融主要表现为两种形式,一种是在农民专业合作社内部开展信用互助业务,另一种是经银监部门批准成立并进行监管的银行金融机构——农村资金互助社。目前,在全国开展内部信用合作的专业合作社有 6 万多家,但农村资金互助社自 2007 年开始批准设立以来,目前全国只有 49 家获得银监会颁发的金融许可证。

2007 年，中国银行业监督管理委员会发布《农村资金互助社示范章程》和《农村资金互助社管理暂行规定》，规定农村资金互助社是以合作制（或股份合作制）为基础的社区互助性金融组织，全体社员可根据"一人一票"等合作金融原则对资金互助社进行民主管理。

根据上述规定，资金互助社应是社员为了克服生产资源禀赋、市场竞争上的弱质性而参与形成的农村合作经济组织，应以互助为基本原则，以互助社全体社员共同利益最大化为追求目标，但现实中的资金互助社都或多或少出现了与制度设计初衷相背离的"异化"现象。主要表现在以下两个方面：

首先，社员异质性与目标异化。发起人投入的组织成本和专有性资源在农村资金互助社的发起成立和运行中发挥了重要作用，但也使发起人显著异质于普通社员而处于强谈判地位（朱乾宇、罗兴、马九杰，2015），发起人等核心社员和普通社员在货币资本、声望水平、政治资本拥有量上存在差异，因而在理事大会和社员代表大会上的剩余控制权、剩余索取权和影响力产生差异。这种差异会使资金互助社"一人一票""民主决策"等基本原则落实不力，从而发生"使命漂移"，导致互助社在目标、产权、管理及贷款四个方面均有异化体现，导致互助合作属性丧失、风险增大及资金动员困难（陈立辉、刘西川，2016）。

其次，规模问题引发多重矛盾。实践中部分资金合作社动辄上千万元的资金规模增加了经营风险；互助社规模扩大也导致"搭便车"社员人数增多，"一人一票"的民主管理制度被进一步弱化，对决策者、理事会的监督减弱，这可能给核心社员追求自身利益提供了便利；随着互助社规模扩大，跨区域吸收社员的情况常有出现，小范围社会资本和信息优势丢失，向非本社区范围的社员投入资金将导致互助社帮扶地区社员的目标偏离。

仔细思考以上矛盾，首先，从合作金融的本源制度设计来看，其运行本来就是有边界的，无论是股金额、成员数规模还是地理运行区域都应该是在有限范围内进行，由此实现的区域服务、内部互助是控制异化、保证资金互助社正常运行的有效手段。其次，约束激励机制结合。实践中"避免工作人员从中获取报酬"的做法不科学也不合理，一方面要对大股东、理事长等核心社员采取激励机制，避免因利益分配不当所导致的功能异化；另一方面对核心社员在贷中贷前贷后的中饱私囊行为进行严格监督和约束，增加其违约成本，减少道德风险。同时应制定规则保证普通社员的基本利益，保证其以最低损失使用"用脚投票"的权力，减少利益被侵害的可能。

三、资产收益扶贫

对缺乏劳动能力与劳动热情的深度贫困人群而言，持续稳定的收入来源对其摆脱贫困至关重要，原有的转移支付类财政手段可以暂时使其脱离贫困线，但无法使其长期居于脱贫境地。

资产收益扶贫正是基于此产生，"十三五"规划中明确提出"探索资产收益扶持制度，通过土地托管、扶持资金折股量化、农村土地经营权入股等方式，让贫困人口分享更多资产收益"。

资产收益扶贫的提出源于贫困与资产的理论探讨。1991年美国学者迈克尔·谢若登出版《资产与穷人》一书，认为以补助贫困家庭收入为基础的"福利国家"政策并没有从根本上缓解贫困，因为"收入只能维持消费，而资产则能改变人们的思维和互动方式"，所以他建议，社会政策应当重视家庭资产积累，只有这样家庭和社区才能持久地参与社会和经济的发展。这为发达和发展中国家改变以输血为主的社会政策奠定了理论基础。

20世纪80年代中期开始，我国由"输血式"扶贫转向开发式扶贫，资产收益扶贫逐渐开始在各地开展起来。资产收益扶贫充分利用农户自有资源或政策资金进行资本化或股权化，农户出让资金或资产，以股东或债权人的身份，而非转移支付接受者获得收益。这种扶贫方式使贫困户获得持续收入的同时，也激发了其内生动力和商品意识，是一种新型扶贫手段。

实践中，资产收益扶贫形式多样、效果各异。

从参与资产收益扶贫的资产类型看，包括农户和村集体自有资源或权益、扶贫资金直接投资、扶贫资金投资不动产等。

目前已运行的农户和集体自有资源或权益包括光伏资源，村民个人耕地经营权、林地和宅基地使用权，以及村集体自留地、荒山荒坡等土地权益。扶贫资金直接投资是指将原本应当"资金到户"的扶贫资源整合使用，以入股、借贷等形式直接进行投资，产生收益向贫困农户和贫困村进行分配。这种方式很好地避免了农户能力制约导致扶贫资金使用效益差的问题，扶贫理念由"资金到人"转化为"效益到人"。扶贫资金投资不动产一般投资农业机械、生产厂房、商铺等，获得相应股权分红或租金收入后进行分配。

从收益模式看，资产收益扶贫可以以股息和分红的方式进行约定收益的分配，也可以通过扶贫资金投资促进当地经济发展，带动贫困户就业，实现间接收益。

从收益分配对象看，包括贫困农户、一般农户、村集体。资产收益扶贫改变了以往扶贫项目的受益主体只是贫困户的现状，村集体资产参与投资和生产经营，收益归贫困户和一般农户或者用于村内建设，有利于增强村级组织的经济实力和凝聚力，减少了"空壳村"的存在，这是扶贫工作的一个创新。当然，适当向贫困农户倾斜也是扶贫攻坚的基本要求，实践中，按照务工参与量等指标进行倾斜分配以提高贫困农户的项目参与度是常见的做法。

　　资产收益扶贫是实践中的金融扶贫创新形式，与传统的收入转支式扶贫方式相比，资产收益扶贫更强调贫困户的参与度和收益度的有机结合，强调通过参与提升贫困户的能力与商品意识，并获得资产性收入，这对于深度贫困集中地区持续脱贫尤其具有重要意义。对政府而言，资产收益扶贫改变了以往政府—贫困户的单项连接机制，政府不再是自上而下的扶贫工作主导者身份，而是充当了"中间人"角色，在寻找与判断稳定的可投资产业与合作企业，帮助提高贫困户和贫困人群的议价能力等方面发挥着不可替代的作用。对社会力量而言，通过市场机制、市场契约直接与贫困户对接从而介入贫困帮扶，保障了扶贫效果，也增加了其介入的积极性。

　　在实践推广过程中，资产收益扶贫也出现了一些问题，比如"负赢不负亏"的约定和受益分配方式影响项目的持续运作能力。作为依靠市场契约约束的投资项目，盈亏损益本是市场常态，但实践中却形成了政府与企业之间的隐性契约，即"负赢不负亏"，无论项目实际运营情况如何，分红必须保证。在经济面临下行周期，资产回报普遍偏低的情况下，投资利润很难保持稳定持续，这种隐性契约损害了企业的持续发展能力，也不利于贫困人群风险投资意识的产生。实际上，大部分资产收益扶贫的项目事实上很难兼顾贫困户脱贫目标和盈利发展目标。对贫困户而言，参与资产收益扶贫项目获得就业机会、增加工资性收入、提高就业竞争能力是更为有益的收获。

　　受制于不同贫困地区资产类型、富集程度、企业发展条件等因素的影响，资产收益扶贫项目全面推广的难度较大，需要实践模式的创新和发展，同时也需要各项配套政策的改革与完善。比如只有使用权没有所有权的土地如何入股，财政扶贫资金如何投资入股等问题亟须法律制度明确保证，对于项目企业的融资、信贷、保险等领域的政策支持也至关重要。

四、农业保险

农业生产是自然再生产与经济再生产相交织的过程，受自然风险和市场风险双重制约，是一个高风险的行业。农业保险有助于管理食物价值链风险、稳定农业收入并促进农业投资，提高风险管理的效能，是保障粮食安全、稳定农业生产和增加农民收入的创新支农手段，也是缓解农村贷款难、繁荣农村经济和强化社会保障的重要金融工具。

美国拥有全球最发达的农业保险市场，农业保险在其农业安全网中地位突出。加拿大逐步构建市场导向的农业政策体系，农业保险是农业风险管理计划的重要组成部分（庹国柱、朱俊生，2016）。印度、巴西、菲律宾等新兴国家均将农业保险作为支农政策体系中的重要组成部分。

美国和加拿大农业保险的前期探索经验都表明，由于农业本身的特殊性和高风险性，实行农业保险必须要有政府的支持和扶持（王克、张峭，2007）。发挥政府的主导作用，其政策性主要体现在政府对农户和私营保险公司的"双向"补贴和对私营保险公司提供的再保险服务上（郑军、汪运娣，2016）。美国财政支持的主要特征为：第一，保费补贴只针对农作物保险业务而不针对保险机构，其平均补贴额达到纯保费的53%。第二，所有保险公司都可以获得业务费用补贴，政府不仅承担 FCIC 的一切经营费用，而且补贴私营保险公司全部经营费用的20%~25%。第三，运用超额损失再保险和比例再保险服务解决农业保险中巨灾风险难以分散的问题（袁祥州、程国强、黄琦，2016）。加拿大的农业保险是由各省（州）政府控制下的非营利性保险公司直接运营的，每个省的农业保险公司都必须与加拿大联邦政府签订协议。对农户参保的保费补贴由联邦政府和各省（州）政府共同承担，经营农业保险的经营成本由加拿大联邦政府和各省政府各负担50%（王克、张峭，2007）。

从农业保险种类看，世界上有不少国家都将农产品价格风险纳入到保障范围之内，如加拿大政府于 20 世纪 90 年代初提出的"农场收入保险"计划；美国经过近 80 年的发展，经历了从"指定险"到"综合险"，从"产量险"到"收入险"的探索过程，如今收入险在美国农业保险市场中占最大份额，指数险也由于其独特的优势而成为创新险种（吴本健、汤佳雯、马九杰，2016）。

我国农业保险试验于 2007 年开始实施。起初，财政部选择了吉林、内蒙古、四川、江苏、湖南、新疆 6 个省区对小麦、水稻、玉米、棉花和大豆 5 种作物保险给予保费补贴。此后试验区域和险种逐年扩大和增多。目前，农业保险在商业财产保险公司中的业务比重已经上升为车险以外的第二位。总结近十年农业保险的发展变化主要体现在：农业保险区域不断扩大，农业保险品种逐渐增加，财政补贴比例逐渐上升。

目前，我国中央财政对农业保险的补贴项目仅限于保费补贴这一种方式，补贴项目较为单一。除个别地区外，农业保险经营机构经营管理费用补贴与中央财政支持下的农业再保险制度都没有建立。另外，损失评估以及其他形式的补贴制度也没有建立（庹国柱，2016）。虽然中央财政的保费补贴已经部分地考虑到各地财力的差异，开始向中西部地区倾斜，但由于各省经济发展与财力的巨大差异，一些农业大省、往往也是财政弱省，最需要农业保险和保费补贴，但由于财力有限，对中央财政保费补贴的配套能力较差，不能及时或者难以提供相应的地方财政保费补贴，导致中央财政的保费补贴资金拨付滞后，进而影响整个保费补贴资金的到位。另外，省级以下的政府特别是市县级政府不仅负责提供农业保险的相关公共服务，而且还承担着沉重的筹资责任（庹国柱，2016）。

从农保品种看，美国得到农业保险保费补贴的农作物和畜牧产品多达 130 多种，而我国得到中央财政农业保险保费补贴的农产品品种只有

16种（类），地方特色农作物和特色养殖产品的保险至今没有纳入中央财政补贴保费的支持体系，只是部分地区的地方财政给予了单独的保费补贴（朱俊生，2015）。

推进农业保险的快速发展，需要在以下几个方面着力。

第一，推进制度建设。政策性农业保险制度建设缺失是工作推进缓慢的原因。作为一种政策性保险业务，仅有规范商业保险的《保险法》是远远不够的。美国、加拿大、日本、法国都从一开始就颁布了专门的《农作物保险法》（美国、加拿大）、《农业灾害保险法》（日本）等。由于没有法律规范和游戏规则，农业保险的操作程序、方式和业务统计、财务管理、监管依据都出现了问题，有些问题还是比较普遍甚至较严重，这在某些地方农业保险的发展中已产生了负面的影响。

第二，改善目前的农业补贴结构和补贴品种。基于地方特色农业发展的需要进一步增加保费补贴品种，对各地具有地方优势特色的农产品保险提供保费补贴，设立特色农产品保费补贴项目。另外，拓展补贴结构，建立中央财政对农业保险经营机构经营管理费用和农业再保险以及其他形式的补贴制度。补贴比例及数额应兼顾政策需要以及不同险种间费用的差异性，同时还应建立中央财政对农业再保险的补贴机制。

第三，发展收入保险。收入类保险可同时较好地平衡来自价格和产量两方面的风险。在一定区域范围内，当期农作物的产量与价格之间往往存在显著的负相关关系，产量风险与价格风险可以进行一定的对冲，会平滑和降低总的赔付风险，从而使产量风险和价格风险组合而成的收入风险要比单独产量或价格风险更小，也有利于降低作物收入保险的费率；农产品价格风险的系统性非常强，单独采用价格保险形式非常容易出现大范围同时理赔的现象，从而导致保险巨灾风险的发生，而收入保险综合了产量因素，同一作物在不同区域同时遭受损失的可能性较小,这样有利于保险公司在空间上分散风险和防范巨灾风险。

第四,发展农业再保险制度和大灾风险分散制度。农业保险属于高风险险种,美国、日本等经济发达国家面对过高赔付率的农业保险都建立起强大的再保险机制予以支持。我国农业自然灾害频繁,为了更有效地避免农业投资因遭遇特大自然灾害而造成损失的风险以及承保公司无力赔付农业保险金所引发的影响,有必要借鉴其他国家在农业保险方面的先进经验,强力推行农业保险再保险制度。对关系国民经济发展的农、林、牧、渔等产业产品的生产,应由政府牵头组织国内具有再保险经验的商业保险公司为农业保险进行分保,进一步分散农业保险风险,降低农业保险的风险责任。同时,需要尽早制定出农业保险大灾风险分散制度的方案指导性意见或是规范性文件,降低保险机构的经营风险,增加投保农民的利益保护。

五、粮食银行 ❶

我国"粮食银行"最早出现在 20 世纪 80 年代的山东广饶,以吸储、兑换口粮为主。随着农村土地流转和农村金融制度改革,"粮食银行"在近几年发展迅猛,500 多家"粮食银行"出现在山东、江苏、黑龙江、安徽等全国多个省份地区。"粮食银行"有效解决了农户"储粮难、卖粮难"等困难,拉近了粮食企业和粮农之间的距离,加快了粮食的流通速率,有利于政府调控和管理粮食市场,防止粮价剧烈波动,并减轻国家的储粮压力,促进粮食现代化和农业现代化发展,提升国家粮食安全保障能力。"粮食银行"的出现弥补了我国小规模农业经营方式的短板,紧紧围绕市场需求变化,协同农户、粮食企业、金融机构、政

---

❶ 本部分参见郭利华,李佳珉."粮食银行"的发展之路 [J].银行家,2017(9).

府等各方主体力量，创新出了多种功能，从粮食"收购、存储、加工、生产、销售"等各环节服务农民的生产生活。

（一）"粮食银行"产生背景

早在 20 世纪 80 年代，非洲的萨赫勒地区成立了"粮食银行"来应对干旱和粮食安全问题。现如今，坦桑尼亚多多马区和莫罗戈罗区、尼日尔南部的马拉迪等地也建立起了"粮食银行"。非洲地区的"粮食银行"主要是为了避免农民"低价卖粮、高价买粮"的困境，不仅如此，这些"粮食银行"还积极"贷粮"给农民来应对粮食收获前的干旱季节。

不同于非洲"粮食银行"的产生背景和作用，我国"粮食银行"出现在 20 世纪 80 年代，随着家庭联产承包责任制的推广，全国粮食产量出现了大丰收，但农户自家储粮设施简陋，同时粮食主产区和主销区流通效率较低，随之而来的储粮、卖粮问题困扰着农民。一些储粮大省在实践中摸索出了代农储粮卖粮、代农加工、品种兑换的"两代一换"业务。

进入 21 世纪后，随着农村土地流转和农村金融制度改革，"粮食银行"开始结合银行的存贷原理来经营。"粮食银行"结合新形势下农户、粮食企业、粮食市场的需求探索了新功能、新业务：避免低价卖粮，帮助农民增收。在粮食刚上市季节的粮价较低，由于农户受限于自身储粮能力，不得不在刚上市时以低价卖粮，需要粮食时又要以高价在市场中买粮，无形中减少了农户的生产收入。"粮食银行"则借助商业银行的存贷原理，以"存粮自愿、取粮自由"为原则，开设粮食"储蓄""提现"等业务形式，帮助农户实现增收。

推进规模化生产，提高粮食生产能力。我国大力提倡发展土地流转型、服务带动型等多种形式规模经营，鼓励农户通过订单农业、股份合作等多种方式参与规模生产。在新形势下，部分"粮食银行"将服务延伸到了粮食生产环节，引导农户进行种植，通过"订单农业"的形式，鼓励产粮大户与粮食企业签约订单，为粮食企业提供稳定的粮食供应，实现了粮食企业和产粮大户的共赢。

延伸粮食产业化链条，整合农村资源。推动传统农业产业结构向一二三产业融合转变，向全产业链调整是现代农业发展的新业态。随着"粮食银行"发展规模的扩大，"粮食银行"开始尝试将农户、粮食企业、粮食市场等多方主体连接到一起，探索出了一条"产、购、储、加、销"一体化多功能运行机制，一体化方式不仅可以带动上游农户参与利益分配，还能助推下游粮食企业的发展，多方面增加粮食经营的附加值。

弥补金融空缺，提高农民生产积极性。由于农户抵抗风险能力较差，没有适合的抵押品，农户难以从银行等金融机构得到贷款服务。针对这种情况，一些"粮食银行"积极为农户拓展了金融服务功能，将"储粮证"作为抵押凭证，为农户提供小额贷款金融服务，从而提高农户粮食生产积极性。

如上所述，"粮食银行"建立的初衷主要是为了解决农户储粮难、卖粮难问题。随着现代农业发展和市场需求的增多，发展至今，"粮食银行"在代农储粮、加快粮食流通、实现规模化生产、延伸产业化链条、稳定粮食市场、提供农村金融服务等方面都有所贡献，探索出的多种功能有效服务了农户、粮食企业、粮食市场等参与主体。

（二）现阶段"粮食银行"的多种功能

"粮食银行"在近几年发展迅猛，在传统的"两代一换"业务基础上，一些地区的"粮食银行"对功能升级转型进行了积极探索，在全国来看，各地"粮食银行"的功能具有相似之处，也具有结合各地不同需求而产生的差异化特征。比较有代表性的"粮食银行"包括"两代一换的山东广饶粮食银行""银企合作的黑龙江北大荒粮食银行""三业融合的江苏太仓粮食银行""政府背书的安徽凤台粮食银行"。

对"粮食银行"的多样化功能进行统一梳理，有利于全面了解和掌握"粮食银行"取得的成效和出现的不足，为新形势下"粮食银行"的发展提供方向（见表4-1）。

表4-1　各地"粮食银行"发展中产生的多种功能

	1. 代存储代加工、品种兑换	所有的粮食银行
"粮食银行"的功能和模式	2. 储蓄和提现	宁夏永宁粮食银行
	3. 提现、消费、贷款、转存等金融服务	安徽凤台粮食银行 黑龙江北大荒粮食银行
	4. 商品粮"订单生产"服务	江苏太仓粮食银行
	5. "产、购、储、加、销"一体化综合服务	宁夏永宁粮食银行
"粮食银行"的避险工具	6. 期货、期权、保险等避险工具	吉林云天化"粮食银行＋场外期权"

第一，代存储代加工、品种兑换。"两代一换"业务是早期"粮食银行"的主要业务，农户根据"粮权在农、保管在行、农民自愿、存取自由"的原则，将手中的闲粮存入"粮食银行"，粮食企业利用充足的粮仓和先进的技术条件"代存储、代加工和粮食兑换"。粮食存储业务一般需要农户将粮食送至"粮食银行"集中存储点，由收存点的工作人员进行验质、过磅、除皮，扣除超标杂质、水分和不完善颗粒，确定收购重量和价钱。粮行将检验合格的粮食统一入库，根据最后入库信息向农户发放粮食存折作为存粮凭证，并在存折上注明农户信息、粮食种类、数量、价格等内容；粮食兑换业务是"粮食银行"开办粮油超市，向农户提供面粉、油、杂粮等产成品，农户可拿着存折到附近的粮油超市兑换相应的产品，并以粮食存折上存储粮食的当前市价进行折算，在

存折上扣除相应的粮食数量进行结算。有的"粮食银行"直接与当地的其他超市合作，农户凭借粮食存折可以购买超市的所有商品。

第二，储蓄和提现。没有"粮食银行"以前，农户受限于自身储粮条件，在粮食刚开始集中上市不得不以较低价格卖粮，在吃粮时又要花高价钱购买，无形中减少了农户的生产收入。"粮食银行"的储蓄功能有效解决了这个问题，起到代加工代保管的作用，可以让农户在任意时段提取一定数量的粮食。各地"粮食银行"在开展存储业务时，有些会向农户收取粮食加工费和保管费，还有的"粮食银行"不仅不收保管费，还为农户支付存储收益。如"宁夏永宁粮食银行"采用"存储分红"模式，水稻分红按照年利率6%标准执行，玉米、小麦分红按照4%的年利率执行，为农民带来了更多实惠。此外，农户如果需要提现，可以同时参考粮食的市场价格和存入价格，选取较高的价格来计算折现金额。这样，"粮食银行"帮助农户实现了粮食的增值保值，有效地保障了农户的利益。

第三，提现、消费、贷款、转存等金融服务。在传统的"两代一换"业务基础上，一些地区的"粮食银行"根据农户需求，联合银行一起为农户提供了提现、消费、贷款、转存等金融服务。如"安徽凤台粮食银行"的金融服务和"黑龙江北大荒粮食银行"的银企合作模式。

"安徽凤台粮食银行"与当地农业银行合作，开展提现、消费、贷款、转存等多项金融服务。农户可以根据身份证件在"凤台粮食银行"办理存粮折（卡），也可以根据需要到农行服务网点兑换银联卡。银联卡可用于提现、消费、贷款和转存。农户若要提现与消费，凭存粮折（卡）与银联卡，到农业银行相关网点提取现金或者到县商务局等提供的服务网点消费；农户若要贷款，以存粮为质押，直接从粮行获取贷款；若要转存，可以将银联卡中的现金转为粮食储存。农户存粮后可以自由选择这些金融服务内容，这有助于农村金融的发展。

"黑龙江北大荒粮食银行"开创了银企合作模式，与中国人民银行哈尔滨中心支行、中国民生银行大连分行、大型物流节点、港口（北大荒商贸集团）等合作，开展抵押贷款、质押贷款、货代、加工存储等业务。农户在"北大荒粮食银行"开户，并领取粮食存折，同时，办理民生银行的借记卡，并且签订存粮协议，办理存粮手续。农户可以自行将粮食送到"粮食银行"的仓库，也可以由银行派车运送，由"粮食银行"对粮食进行质检、称重等流程，完成粮食取样手续。粮食入库存放后，农户可以持身份证和粮食存折向"粮食银行"办理个人贷款，用于粮食耕种或个人经营。此外，农户还可以根据市场卖价随时将粮食取走销售，也可以在"粮食银行"下设的电子平台进行网上交易（杨楠、祝洪章，2016）。

第四，商品粮"订单生产"。"粮食银行"在发展初期主要吸收口粮，随着农业规模化生产，"粮食银行"顺应市场需求加载了大宗粮食交易，鼓励产粮大户、家庭农场、农村合作社与粮食企业签约订单，为粮食企业提供稳定的粮食供应。

如在"江苏太仓粮食银行"开展的"商品粮银行"业务中，产粮大户与粮食企业签约订单，将当年生产的粮食出售给粮食企业，按当日挂牌收购价格锁定售粮款项，并计入"商品粮银行"占用账户，存满3个月后，储户可以随时提取售粮款。该市粮食购销有限公司参照当年农发行贷款基准利率结付给储户相应的利息，如存满6个月以上，可获得市购销公司销售储粮所得净利润的一半，如企业销售粮食发生亏损，储户则不需承担责任（杨喜良、曹前程，2014）。目前，太仓"商品粮银行"已成为"太仓粮食银行"的主要业务。在商品粮银行业务中，"粮食银行"有效地将产粮大户和粮食企业联系起来，保障了粮食生产大户的基本收入，还参与了粮食在市场经济中的利润分配。但此种业务可能会发生挤兑风险，当市场价格持续走高，农户纷纷提出取出粮食并售卖，而

"粮食银行"的储备粮食数量不足以应对农户需求时,将有损于"粮食银行"的信用,挤兑风险有可能导致"粮食银行"的破产。

第五,"产、购、储、加、销"一体化综合服务功能。部分地区"粮食银行"是由粮食企业筹资建设,这种类型的"粮食银行"在参与整个市场链条运作中具有优势,有助于探索一条"产、购、储、加、销"一体化的路子,提升"粮食银行"的附加功能,推动粮食产业链的发展。

如"宁夏永宁粮食银行"探索了一条集"生产、仓储、加工、物流、销售"为一体的现代新型农业经营模式。该家"粮食银行"由永宁县引导"昊王米业"投资建设,随后又成立了银川精品水稻联合体,将与之建立存储关系的农民、大户及31个合作社全部纳入其中。"宁夏永宁粮食银行"在生产环节中,为农户统一购买化肥、种子、租赁农机、提供技术咨询和指导;在收购和储存环节中,制定了收储业务具体细则,规定从称重、入库、到打印存粮折等流程的具体操纵办法;在深加工和销售环节,联合粮食企业对粮食深加工和销售,并设有销售配送中心;在金融服务方面,建立"三农金融服务平台",平台将实现抵押担保、小额贷款、银行联名卡等多种金融服务。"宁夏永宁粮食银行"从生产的各个环节,到收购、储存、加工、销售,以及金融服务等多方面服务农民的生产生活。将之前松散的种粮主体通过"粮食银行"与企业形成利益共享、风险同担的共同体,与企业形成深度融合。通过"产、购、储、加、销"一体化模式,使"粮食银行"的功能环环相扣,几乎涵盖了农民生产生活的方方面面,但是这种庞杂的运转系统也增加了风险发生的可能性。

第六,期货、期权、保险避险工具。农业生产受到自然风险和市场风险的双重威胁,当储户将风险转嫁给"粮食银行"后,"粮食银行"更应该注意风险的规避。"粮食银行"可与期货、保险公司等金融机构合作来抵御风险。在期货市场中,"粮食银行"可以买入期货合约借以对冲价格上涨的风险；在吸收粮食时，可以采用期货价格为基础确定收购价格和结算价格。保险公司可以为"粮食银行"提供价格保险，也可以对"粮食银行"提供存粮保险制度。如吉林云天化与永安资本公司合作的带头试点——"粮食银行＋场外期权"模式就是运用场外期权解决"粮食银行"所面临的农民点价前及点价后价格下跌的风险。

2017 年中央"一号文件"中强调各级党委和政府必须始终坚持把解决好"三农"问题作为全党工作重中之重不动摇，深化粮食等重要农产品价格形成机制和收储制度改革，积极发展适度规模经营，鼓励农户通过订单农业等多种方式分享收益，推进区域农产品特色品牌建设，推进农村电商发展，加快农村金融创新、深入推进农产品期货、期权市场建设等。在新形势下，各地"粮食银行"需要紧随农业改革新形势，围绕市场需求变化，结合自身能力和特色积极拓展更完善的功能。

第一，继续以保障粮食安全为工作基础。"粮食银行"在减少粮食损耗、保障粮食安全等方面发挥了巨大作用，在未来的发展中仍将以保障粮食安全作为工作基础。应继续优化科学储粮方法，加大仓库仓容，集中收储、加工，进一步节约成本和提高效率；组织农户根据市场行情进行买卖粮食，从而避免"谷贱伤农"的情况发生；与粮食企业合作继续加强，提高粮食的流通速度，加快"粮食银行"资金的周转速度；更加重视市场风险，通过保留一定比例的"存储准备粮"等措施，应对市场异常波动及挤兑风险。

第二，服务功能呈现综合化、多样化趋势。如深化产业链条，打造"产、购、储、加、销"一体化经营发展路子；着手打造"粮食银行"自主品牌，实现"粮食银行"附加值的提升；发展适度规模经营，与粮食企业、产粮大户、家庭农场的合作进一步加强；引导农户生产"绿色无公害粮食"，利用全程可追溯系统，保障粮食质量安全，实现可追溯式生产和销售；发挥牵头带领作用，引领农户参与到农村电子商务的竞争中，实现粮食销售线上线下互动发展。总之，"粮食银行"的功能发挥将更贴近农户生产生活，与农户、粮食企业、粮食市场等方面结合更深入，功能逐渐呈现综合化、多样化趋势。

第三，农村金融服务功能突显。很多地区的"粮食银行"已经实现了提现、消费、贷款、转存等金融服务功能，在这些功能发挥的过程中，粮食具有了货币、信用、抵押物等职能。不难想象，随着"粮食银行"和商业银行、保险公司等金融机构合作的加深，"粮食银行"可以为农户和粮食企业提供如提现、小额贷款、银联卡消费、担保抵押、农业保险、期货期权等更多的金融服务。农村金融服务将渗透到粮食生产、收购、销售等多个环节，为农户、粮食企业等主体提供资金支持，农村金融服务功能将成为"粮食银行"的一个重要部分。但"粮食银行"毕竟不是专业的金融机构，存在法律约束缺失、组织程序不合理，工作人员金融基础薄弱等问题，随着金融功能的扩大，金融风险隐患也会增多。

第四，多重风险隐患增多。"粮食银行"发展初期的"两代一换"业务较为单一，仅涉及农户和"粮食银行"两个参与主体，几乎不存在风险。但是随着参与主体的增加，围绕"粮食银行"形成了一条环环相扣的产业化链条，若其中一环出现问题，都将会危及储粮安全和农户利益，潜在的风险问题不可忽视。如上文所述，"粮食银行"在运作中会面临粮食价格波动的风险、农户挤兑风险、金融风险等多重风险。在未来发展中，"粮食银行"做好风险防控措施尤为重要，如设立"存储准备粮"留存比例应对挤兑风险、购买农业保险或期权期货等应对价格波动风险、建立完善的存储粮运行机制和内部管理制度应对经营风险等。

六、格莱珉银行模式

消除贫困是一个世界性的难题。不管在世界的任何地方，贫困人群总是具有一些共性，这些共性超越地域、宗教甚至国家的界限。在纽约、孟买、墨西哥城的贫民聚居区，贫困人群的收入状况、家庭结构、价值观念、消费模式和社区观念都具有极大的相似性。奥斯卡·刘易斯用"贫困文化论"来解释这种相似性。他认为，贫困是一种自我维持的文化体系。穷人由于长期生活在贫困之中，从而形成了一套特定的生活方式、行为规范、价值观念体系等，一旦此种"亚文化"形成，就会对周围人特别是后代产生影响，从而导致贫困的代际传递（奥斯卡·刘易斯，1959）。

消除贫困的讨论可以从不同角度入手，文化是其中的一个重要角度。英国人类学家 E·B·泰勒对文化的定义影响很大，"文化是一复合整体，包括知识、信仰、艺术、道德、法律、习俗以及作为一个社会成员的人所习得的其他一切能力和习惯"（泰勒，1871）。各国学者的研究表明，文化及其基本要素对金融发展进而对经济发展有推动作用，从而推动贫困的改善。早期古典经济学家如斯密、穆勒及马歇尔都在各自的著作里阐述了文化如何作用于经济发展。他们关注的是伦理道德、理想观念、风俗习惯及宗教信仰等文化因素对经济的影响。很多学者关注到宗教对经济发展的影响，比如马克思·韦伯明确考察了文化与现代资本主义社会兴起和经济发展的关系，认为"现代资本主义精神，产生于基督教禁欲主义"（韦伯，1904）。

很多学者考察了文化的重要要素——信任水平与经济增长速度之间的关系，多数学者都认为信任可以通过缓解信息不对称和降低交易成本来降低经济活动中的不确定性，从而推动经济发展。近年来，部分学者研究了信任水平与金融发展之间的关系。CALDER ö NC, CHONG A, GALINDO A（2001）利用 48 个国家 1980—1994 年间的数据表明，信任水平越高，股票市场和信贷市场越发达，利差和管理费用越小，金融效率越高。而且在法律法规不完善的情况下，信任还可以替代正式制度发挥其作用。GuisoLuigi、Sapienza Paola 和 Zingales Luigi（2004）以意大利为例的分析表明，在信任水平较高的地区，个人（家庭）更愿意投资股票，更多地使用支票，而以现金方式进行投资的数量非常少，因而这会影响金融发展的程度，尤其是股票市场的发展。张俊生、曾亚敏（2005）对中国市场的实证研究同样验证了上述结论。

上述分析都是针对金融市场本身的分析，那么信任机制是否可以作用于市场主体进而推进金融效率的提高呢？从格莱珉银行信任机制设计的分析可以得出一些结论。

（一）格莱珉银行信任机制设计

1976 年，孟加拉国吉大港大学的尤努斯教授在首都附近的乔布拉村做了一个实验，他将 27 美元借给 42 名妇女，支持她们买来藤条编制竹凳子出售，这些极度贫困的妇女不仅按期偿还了贷款，而且还有剩余贴补家用。这个实验直接促成了专为穷人服务的银行——格莱珉银行的出现。格莱珉银行独特的运行机制在世界许多地方被复制和效仿，在包括中国、美国、法国、荷兰、智利、印度等全球 59 个不同发展程度、不同社会制度的国家都可以看到它的身影。

格莱珉银行的最终目标是帮助穷人增加收入、形成个人资产进而脱贫致富。最终目标的实现依赖于两个假设："信贷是每个人应当享有的权利"和"穷人是天生的企业家"。尤努斯认为，穷人本身并不缺乏摆脱贫困的勇气与决心，而是缺少摆脱贫困的基本物质条件，他们不能像其他人一样从正规金融机构得到借款来脱贫致富，但其实，穷人是天生的企业家，穷人具备成为企业家的潜质：它或许会发现更好的机会，因为他们从未得到过一次机会，所以他们的想法可能更新颖，他们是被市场忽视的"金字塔底"。按照尤努斯的观点，如果穷人的信贷权利可以实现，他们就可以激发出前所未有的活力，有能力在将来还清本息，有能力增加收入从而脱贫，甚至有能力因此发家致富。这种基本的信任是格莱珉银行发展的基础。

格莱珉银行的顺利运行依赖于信任机制的良好设计和充分发挥。

第一，选择妇女作为贷款对象。在孟加拉国，由于受男权思想和宗教信仰的影响，妇女的地位普遍比较低下，贫困发生率较高。但是妇女在面对金融服务时表现出的不同于男性的特征，如厌恶风险、重视家庭、珍惜机会等，使格莱珉银行更愿意选择妇女作为小额贷款的对象，这样不仅能降低风险、增加还款率，还可以提升妇女的地位。格莱珉相信"金钱代表力量"，贫穷的女性借助信贷增加反抗不公正和不平等的勇气，也才能在家里和社会中广泛获得她们应有的权利。

第二，"五人小组"＋"中心会议"制度。贫困人群和贫困斗争并不容易，他们需要资金、智慧、勇气和组织的支持，格莱珉银行的"五人小组"＋"中心会议"制度满足了这个需求。相近或熟悉的五个人组成一个小组，不是为了出现违约时承担责任，而是在于让借款人能被组织接纳并在组织的帮助下解决问题和挑战。借款人必须按他们的承诺出席中心会议，一方面，会议上可以完成贷款还款，节省了小组成员去银行换钱可能花费的时间和交通费用；另一方面，借款人可以利用此机会和其他会员分享经历，互相学习。中心经理时常会提出讨论健康、发展和社会议题，借款人和中心经理已经不单单是以往传统金融机构借款人和贷款人的关系了，更多的是师生关系、引导者—跟从者的关系。借款人在中心会议上能受到持续的培训，这一切最终都能赋予他们社会尊严和越来越强的自信，而中心经理也避免了挨家挨户低效率的收集还款及由此带来的时间和金钱成本。

第三，借款人个人财务管理制度。格莱珉银行要求每个借款人开设个人账户、特别账户和养老账户，将贷款的 5% 作为强制储蓄，一部分存入个人账户，并且每周要在个人账户中新增小额存款以提高借款人的储蓄意识；另一部分资金存入特别账户，用于购买格莱珉银行股金，不能随时提取，但享受分红，将借款人看作企业的合作伙伴；另外，所有借贷 8000 塔卡（约 138 美元）以上的借款人，每个月都要在养老金账户中存入 50 塔卡，以为其退休之后的生活预存保障。上述账户的开设使每一个穷人都拥有了三重身份，借款者、存款者和银行的持股者。当贷款周期结束之后，穷人获得了对他们的发展至关重要的东西：资产和信用。

第四，"每周还款" + "黄金会员"制度。格莱珉模式的成功，很大程度上依赖于其"每周还款"的模式。事实证明，穷人手头的现金数额小，只具备在短期内处理小额分期付款的能力。对银行而言，每周的小额还款也把期末还款风险分散到了期中，极大地提高了还款率。格莱珉银行鼓励按期还款，对那些连续 7 年保持 100% 还款水平的会员授予黄金会员的身份，这是一个很受尊敬的位置，黄金成员有资格快速提升贷款额度，同时还可获得特别的荣誉和其他优惠。上述的安排是一种"信任循环激励"，只要坚持按时每周还款，就会累积信用资本，不断获得更大的贷款额度和利息优惠。即使借款人可以支付但有意拒绝还款，格莱珉员工也会通过访谈其家庭和邻居找出借款人不愿意还款的真实原因，通过"激励"将其拉回正轨，或者通过格莱珉员工和中心会员对其提供帮助，或者通过五人小组施加压力，让其知道守信的重要性。多国的格莱珉实践表明，穷人的确是被忽视的"企业家"，他们在支付高昂的利息之外还能够还清贷款，这表明，他们所投资的领域具有高回报率，值得被信任。

通过上面的分析可见，格莱珉模式是用社会工作的思路去做了金融的工作，把冷冰冰的金融变得有人情味儿了，它把人的自尊、梦想、能力通过严密的机制设计解放了出来，给穷人提供了获得贷款改变命运的机会。事实也表明，基于信任的格莱珉银行的确取得了相当显著的成效：2015 年和 2016 年孟加拉国格莱珉银行的还款率分别高达 98.47% 和 99.06%。

格莱珉模式在孟加拉国的发展和推广取得了举世瞩目的成就，创始人尤努斯还因此获得了 2006 年诺贝尔和平奖。中国自 1994 年年初开始，半官方和民间机构在没有政府介入的情况下依靠国际捐助或软贷款进行了格莱珉模式的实验，然而在近乎完全复制格莱珉模式的情况下，效果却难以令人满意。

这种差异当然是不同国家具体环境的差异导致的，文化差异是其中重要的一个方面。

第一，宗教的影响不同。在孟加拉国国内，穆斯林人口的占比超过了 80%。伊斯兰教六大信条之一便是"信后世"：如果人今生欠了债没有还清，来世仍要欠债。"欠债必还"成为宗教信仰对借款人的有力约束，这是高还款率的重要原因。而在中国，发展小额信贷依然需要依赖于千百年来形成的有借有还、父债子还、君子喻于义、小人喻于利等传统道德价值观念，以及一些信贷优惠政策和诚信宣传教育等。这对于借款人的约束效力就远没有宗教那么有效。

第二，政企关系不同。在中国传统社会阶层划分中，商人处于平民阶层的最底层，地位低下，且经商风险较大，一旦败落，男则为奴，女则为婢。成功的商人通常与朝廷的势力有着千丝万缕的联系，如吕不韦、胡雪岩等。到了现代，成功的企业往往也同样离不开政府政策的支持，把握政策动向，处理好与政府的关系是企业做大做强的条件。而反观格莱珉银行，其成功之处恰恰在于与政府的分离。成立之初，格莱珉银行接受了大量政府资金的支持，政府持股一度高达 60%。这种过度依赖政府资金的模式在 1998 年孟加拉国发生洪水时面临着巨大的挑战，当时的还款率降低到历史最低水平，仅有 80%。2002 年之后，格莱珉银行拿到了完整的金融牌照，开始逐渐减少对政府资金的依赖，使政府持股比例减少到 6%，真正成为穷人的银行，实现持续经营。这种模式目前在中国由于牌照问题难以行得通，因而如何处理好与政府的关系就变得尤为重要了。

第三，生产方式与风俗习惯不同。坚持"每周还款"制度是格莱珉银行低违约率的重要原因。这对于土地面积狭小、人口众多、以手工业为主的孟加拉国容易实现。但是在中国，贫穷的农业人口多集中在交通不便的偏远区域，以农业为主的生产方式生产周期较长等原因决定了每周还款很难坚持。同时，中国是一个有五千年历史的国家，人情世故的传统很浓厚，每到传统的节假日或者遇到婚丧嫁娶等情况，借款人的开支就会猛增，可能会导致大面积未能及时还款情况的出现。所以，小额信贷机构的还款方式一般是季度还款或者到期一次性清偿。

第四，法律环境不同。捐赠是格莱珉银行重要的资金来源。有明确的法律地位可以接收捐赠资金并享有税收减免是格莱珉银行持续经营的条件。但是在中国，考虑到风险是否可控的问题，小额信贷组织没有明确的法律地位，无法获得包括捐赠在内的资金来源，也无法享受税收优惠、减免等扶持政策，致使其生存艰难。同时，"只贷不存"的约束也使其变成"一条腿走路"，缺乏持续性。

尽管孟加拉国和中国的文化环境有很大的差别，但两国仍然有很多相似的地方。比如妇女都处于相对弱势的地位，改变命运的愿望强烈但缺乏帮助；虽然孟加拉国民众依靠宗教信仰可以维系借贷关系，但中国千百年来形成的道德机制可以在一定程度上成为信仰不足的替代；此外，无论是孟加拉国政府还是中国政府都有扶贫减贫的动力，孟加拉国是世界上人口最为密集的地方之一，国内超过半数人口生活在贫困之中，经济基础薄弱、国民素质较低等现状都迫使孟加拉国政府采取措施改变现状，扶贫减贫。而在中国，2020 年全面建成小康社会的重要标志就是消除贫困，因此，大规模扶贫减贫工作由政府主导并强力推动。

格莱珉模式的成功有其基本逻辑，居于底层的贫困人口需要钱，而传统的商业模式无法充分满足这种需求，这是格莱珉银行存在的原因。无论在孟加拉国、中国，还是在美国、法国等不同制度、社会背景的国家都能生存和发展，说明依托信任机制的格莱珉模式对于区域性减贫、推动地区收入差异减缓、推进地区一体化等方面具有长远的积极作用。

当然，由于不同区域和国家的文化差异，同样的模式即使完全复制到别的国家也会产生不同的效果，但是格莱珉模式对贫困人群尤其是贫困妇女带来的影响是不容忽视的，她们的人生观因此而发生了变化，会积极对待自己的健康、幸福，家庭的食品、医疗、教育开支也会明显增加。储蓄和投资的意识逐渐形成，具备了改变命运的能力，未来一旦获得别的机会，就会有很好的发展。对人的尊重和改造，是格莱珉模式最大的成功所在。

（二）女性贫困化与金融反贫困

随着农村青年劳动力向城市的转移，农村的闲置女性劳动力越来越多，如何帮助农村贫困女性获得收入，对于农村经济的发展具有日益重大的作用。女性在经济发展中往往处于弱势地位，女性在教育水平、社会地位等各方面均低于男性，而在家庭中承担更多的家务又限制了女性获得家庭外的收入，这使女性比男性更易陷于贫困。如何摆脱女性的贫困化、促进性别平等发展，是当今世界发展中国家普遍面临的问题。根据联合国《2014年人类发展报告》显示，我国的性别发展指数排在第88位，存在较为严重的性别发展不平衡问题，女性在家庭和社会中地位低下，政治参与度不高，受教育水平也不及男性，我国"女性贫困化"问题亟待解决。

无论是发达国家还是发展中国家，与男性相比，女性由于自身条件的不足和外界的偏见，享受的金融服务较少，难以为家庭获得更多的收入，为了经济的平衡发展、和谐社会的实现，包括中国在内的众多国家都开始支持以女性为对象小额信贷项目，以孟加拉国尤努斯教授创立的格莱珉银行最为有代表性。通过贷款给女性，越来越多的学者发现，以女性为对象的金融服务具有更好的效应。一方面，女性风险厌恶、利他主义等特征，使得在女性身上投入资金会获得更稳定和更多的回报，降低贷款风险，对平滑家庭的季节消费也能起到较好的作用，因此具有良好的经济效应；另一方面，女性在享受金融服务的同时能在潜移默化中培养自己的金融素养，而女性对家庭的重视使女性的反贫困项目能在一定程度上改善家庭的教育水平和营养状况，因此具有良好的社会效应。此外，相对于财政救助，金融扶贫具有更好的持续性和激励作用，能更好地带动女性创造收入，提高还款能力。因此，以女性为对象的金融反贫困能在发挥社会扶贫作用的同时获得收益，保障金融机构的可持续发展，实现双赢。

然而，女性的金融反贫困虽然有良好的经济效应和社会效应，但由于女性在教育水平、创业技能等方面相较男性的不足，女性面临更为突出的自我排斥和评估排斥问题，对女性金融反贫困的效果会产生一定的消极影响，这也是政府以及扶贫机构需要关注的问题。

皮尔斯（1978）最早提出"女性贫困化"的概念，从社会偏见、收入差距等方面的分析提出女性相较于男性更易陷入贫困，是"贫困中的最贫困者"。女性的贫困化体现在多个方面，政治的贫困、经济的贫困、婚姻家庭生活的贫困及精神和文化的贫困等（蒋美华，2007），甚至有生存状态的贫困和网络资本匮乏的贫困（吴宏洛、范佐来，2007）。造成女性贫困化的原因有以下五个方面：受教育水平低、健康易受损、社会地位不高、难以获得财产性收入及在非正规部门就业等（陈银娥、王丹、曾小龙，2015）。

在解决女性贫困化的路径方面，微型金融已成为主要措施之一。以女性为对象的微型金融能够实现家庭和资源的效用最大化（卢亚娟、刘妍，2009）。微型金融作为赋权式扶贫理念的成功典范，集中体现了性别敏感的赋权式扶贫特点（林志斌、王海民，1999）。

微型金融选择女性作为服务对象具有突出的优势。

第一，女性由于长期置身抚育型经济中，从事教育子女、赡养老人等义务性劳动，使得女性更具道德主义情怀，更愿意遵守承诺，并且女性对风险比男性有更高的厌恶程度，更愿意进行低风险的投资。Bert D'Espallier 等基于 70 个国家的 350 个微型金融机构的资料分析也得出，女性进行投资时会选择较为保守的策略，将有限的资金投入到周期短、风险小的项目上，因此在还款方面有良好的信用（Bert D'Espallier 等，2011）；因此，以女性为对象的金融扶贫能够降低扶贫风险。

第二，在家庭方面，女性长期置身抚育型经济行为中，包括抚养儿童、照顾家庭衣食起居等，因此更善于持家，培养子女，也更愿意为家庭付出，从而贷款给女性有助于提高子女的健康水平和受教育水平，改善整个家庭的状况。

第三，在消费方面，女性往往能将借款作为收入波动的减震器，将收入均匀用于各期消费，因此以女性为信贷对象，有利于平滑季节消费（AB Bhuiyan 等，2013；陈银娥等，2015）。正是女性在微型金融中表现出的种种优势，使得包括尤努斯的格莱珉银行等众多微型金融项目都以女性为对象，并且取得了突出成就。

第四，女性往往是社会的弱势群体，获得金融服务的机会少，而女性的时间机会成本低于男性，更渴望获得信贷配给，因此女性会格外珍惜获得金融服务的机会，听取专家意见，合理使用借款。并且，相较于男性，女性更愿意从小成本的创业项目做起，例如饲养家畜等，逐步实现"低收入—贷款—投资—更多收入—更多投资—更多收入"的良性循环（卢亚娟、刘妍，2009），改善家庭状况，这往往使得女性的流动性较弱，也有利于金融机构的监管。

纵观女性金融反贫困的文献研究，女性贫困化是具有普遍性的，微型金融通过为女性提供信贷等方式能帮助女性获得经济收入、提高社会地位，女性的金融反贫困有其必要性。

以女性为对象的金融反贫困的实践中，表现出了以下特点：

第一，高还款率。目前国内外有许多以女性为主要服务对象的微型金融机构，以格莱珉银行最具代表性，国内也有许多模仿"GB 模式"的金融机构，实践证明，以女性为服务对象的金融机构拥有良好的还款率。截至 2015 年，赤峰市昭乌达妇女可持续发展协会已累计发放各类小额信贷 3 亿多元，已有 3 万个家庭、12 万多人口受益，并一直保持 99.5% 以上的还款率。宁夏盐池惠民小额信贷公司，他们的服务对象中妇女占 92.44%，公司贷款余额达 2.2 亿元，近五年的平均还款率保持在 99.99% 以上。上述两家是国内有代表性的以女性为主要服务对象的微型金融机构，可以看出，女性总是能保持良好的还款率。Khandker，Khalily 等（1995）发现在格莱珉银行中，男性借款者与女性借款者存在还款问题的比例分别为 15.3%、1.3%，女性的还款率远高于男性。

第二，增加收入，平滑消费。一方面，贷款给女性有利于增加家庭收入，促进消费。小额信贷对家庭消费的影响是持续的，对女性借款者消费的贡献率大于男性借款者；女性借款在增加家庭收入的同时也对所在乡村的经济有溢出效应（朱乾宇，2011），在实施微型金融项目的村庄，即使没有参加项目的家庭收入也有增加，这有助于促进乡村的经济发展。另一方面，贷款给女性有利于平滑消费。相对于男性，女性更能够精打细算，并注重资金的储蓄，在家庭产生剩余收入的时候能够存入银行来抵御风险，平滑不同时期的消费。Holvoet（2004）也指出由于女性比男性更倾向于利他主义，当贷款给女性时，女性会将更多的借款储存起来以弥补季节性收入带来的不便，实现跨期消费。

第三，提升子女的教育水平和健康状况。微型金融通过使女性获得贷款的机会提高女性家庭决策的影响力，女性的赋权和经济收益的提高提升了女性的家庭地位，使女性在家庭中有了一定的决策权和管理权。Holvoet（2004）通过对南印度的一个家庭调查数据进行回归分析得到，女性在拥有资金后会增加对人力资本的投资，尤其是对女童，微型金融对女性的受教育水平产生了积极影响。同时，多数女性在家庭中需要管理家庭的饮食起居，而女性相较于男性更加注重家庭成员的健康状况和营养问题，提供资金给女性有助于女性改善家庭的健康和营养状况。尼加拉瓜农村经济社会发展基金会（2007）在一项小额贷款对农村妇女影响的研究中发现，相比男性，女性更有效地利用了贷款，38.24%的新增女性客户和52.54%的老客户在获得微型信贷计划服务后表示家庭的营养状况为良好，同时没有发现营养状况欠佳的家庭（周璐，2016）。此外，李树杰（2015）基于波曼关于经济收入与男孩、女孩关心程度之间关系的无差异曲线，做了重新设计，得出了三条无差异曲线，分别代表"性别歧视型分配模式""性别弱歧视型分配模式""性别平等性分配模式"，并以此得出结论，家庭总收入的提高有利于抑制性别不平等，增加男童和女童的健康与教育的支出。

第四，提高了女性金融素养。女性在家庭中通常是消费的决策者，而贫困家庭所有资金在满足基本生活需求后往往没有剩余，在有剩余时女性也不懂得如何管理而是以现金的形式存放在家里，缺乏基本的金融素养。通过金融扶贫方式为女性贷款，就需要女性忖度如何利用所贷资金获得超过利息的收益而不会赔钱，这无形中便培养了女性的金融素养。此外，微型金融机构也会组织金融知识培训，截至2016年，宁夏盐池县小额信贷通过创新农村金融教育模式，已经使1万多名女性通过金融理财培训课程直接受益，2.4万余名女性间接受益。女性金融素养的提高，不仅有利于女性金融知识水平的提高、家庭财务的管理，也将对家庭尤其是子女的金融素养水平的提高起到良好的积极作用，对改善乡村金融环境，提高普惠金融领域金融素养教育水平有重要的意义。同时，收入增加、社会资本网络的扩展、教育和营养水平的提升这些因素的共同作用不仅能够改善家庭当前生活状况，也有助于改善家庭未来的生活，帮助家庭真正摆脱贫困，并在一定程度上抑制贫困的代际传递，让子女摆脱"穷二代"的命运。

当然，金融手段介入女性反贫困也有一些现实的制约因素，可以用"排斥"概念来解释。

目前，学者对金融排斥程度的衡量多采用 Kempson 和 Whyle 于1999 年提出的六维指标体系，即地理排斥、评估排斥、条件排斥、价格排斥、营销排斥和自我排斥，而相对于男性，女性的教育水平更低，面临传统的偏见，在创业技能方面也相对较差，因此女性面临的自我排斥、评估排斥最为突出。

首先，自我排斥。自我排斥是指某些经济主体由于较少接触金融产品和服务，对其了解不够而主动将自己排除在金融体系之外的状况。据国家统计局抽样调查结果统计，我国 2011—2014 年 15 岁及以上女性文盲分别占总文盲人口数的 73.45%、72.76%、72.1% 和 74.21%。受自身教育水平的限制，女性缺乏自主学习的能力，金融意识不足，而平时接触金融产品或服务的机会也不多，便自我认为可能会被金融机构拒绝或没有能适合自己的金融产品和服务从而不去谋求金融服务。此外，正规的金融程序较为繁琐而又难理解，超出接受范围，女性不懂得如何办理手续，使得她们主动疏远正规金融机构，转而选择亲友借贷等程序少又无息的非正规金融形式来满足自己的金融需求。其次，评估排斥。评估排斥是指金融机构对某些经济主体的风险评估标准超过其实际水平从而限制客户享受金融服务。女性的评估排斥主要归因于自身创业技能的不足。贫困女性缺乏必要的创业技能，没有成熟的投资项目，从而不能接受金融机构的评估，导致提供给贫困女性的信贷多流入贷款群体中能力较好、贫困程度较低的女性手中，而不是极为贫困的女性，这与金融反贫困的社会扶贫目标相悖。

女性面临的自我排斥和评估排斥使女性不能获得金融服务或者服务对象错位，进而会对以女性为对象的金融反贫困的经济和社会效应产生消极影响，若不加以干预，会使女性更加落后而陷入贫困的循环。

微型金融机构作为社会扶贫的有效手段，一方面需要向贫困人群提供金融服务，另一方面又需要保持机构自身的可持续发展，由于这些机构面对的是低收入人群，贷款额度小，经营成本高，实现扶贫和盈利的双赢较为困难。国际上关于该问题有两种观点：福利主义和制度主义。以尤努斯为代表的福利主义强调社会扶贫，注重扶贫的深度和广度，而以印度尼西亚的 BRI 和波利维亚的 BancoSol 为代表的制度主义更强调在财务上的可持续性，目前以福利主义为宗旨、以制度主义为手段的双赢主义受到越来越多的重视。以女性为服务对象可以增加目标家庭收入、平滑消费，具有良好的、多方面的经济效应；另外，女性的金融反贫困对女性赋权、提高家庭营养水平和子女教育水平以及提高女性金融素养等多方面都有良好的效果，具有社会效应。

综上，将资金贷给女性风险更低、回报更稳定，有利于机构的可持续发展，也能实现社会扶贫的目标，这使得以女性为对象的金融反贫困措施更容易实现双赢。

参考文献

［1］朱乾宇，罗兴，马九杰.组织成本、专有性资源与农村资金互助社发起人控制［J］.中国农村经济，2015（12）：49-62.

［2］陈立辉，刘西川.农村资金互助社异化与治理制度重构［J］.南京农业大学学报（社会科学版），2016（3）：111-122.

［3］庹国柱，朱俊生.关于农产品价格保险几个问题的初步探讨［J］.保险职业学院学报，2016（4）：26-31.

［4］王克，张峭.美国和加拿大农业保险的经验和启示［J］.农业展望，2007（10）：25-27.

［5］郑军，汪运娣.农业保险的经营模式与财政补贴政策：中美比较及启示［J］.农村经济，2016（8）：119-124.

［6］吴本健，汤佳雯，马九杰.美国农业保险的发展：定价、影响及支持计划［J］.世界农业，2016（11）：87-93.

［7］朱俊生.农业保险财政补贴的新形势、新要求和新任务［N］.中国保险报，2015-08-10.

［8］Msaki.M，Mwenda.M and Regnard.I.Cereal Bank as a necessary rural livelihood institute in arid land，Makoja Village，Dodoma-Tanzania［J］.Asian Economic and Financial Review，2013，3（2）.

［9］杨楠，祝洪章.我国粮食主产区粮食银行转型发展问题分析——以黑龙江北大荒粮食银行为例［J］.北方经贸，2016（8）：29-30.

［10］杨喜良，曹前程."太仓粮食银行"十年发展的探索与思考［J］.中国粮食经济，2016（7）：49-52.

［11］新华社.中共中央、国务院关于深入推进农业供给侧结构性改革加快培育农

业农村发展新动能的若干意见［J］.中国农民合作社，2017（7）：7-13.

［12］奥斯卡·刘易斯.桑切斯的孩子们［M］.李雪顺，译.上海：上海译文出版社，2014：3-15.

［13］爱德华·伯纳特·泰勒.原始文化：神话、哲学、宗教、语言、艺术和习俗发展之研究［M］.连树声，译.桂林：广西师范大学出版社，2005：23.

［14］马克思·韦伯.儒教与道教［M］.悦文，译.西安：陕西师范大学出版社2016：14.

［15］Cesar Calderon，Alberto Chong & Arturo Galindo.Structure and development of financial Institutions and links with trust：cross-country evidence［R］.Research working Working Paper，2001.No.444.

［16］Guiso L.P.Sapienza，and L.Zingales.The role of social capital in financial development［J］.The American Economic Review，2004，94（3）：526-556.

［17］杜晓山，张睿，王丹.执着地服务穷人——格莱珉银行的普惠金融实践及对我国的启示——兼与《格莱珉银行变形记："从普惠金融到普通金融"》商榷［J］.南方金融，2017（3）：3-13.

［18］蒋美华.农村已婚女性贫困状况及脱贫对策——以河南农村已婚女性为例［J］.中州学刊，2007（1）：122-126.

［19］吴宏洛，范佐来.农村妇女的贫困与反贫困［J］.福建论坛，2007（6）：121-125.

［20］陈银娥，王丹，曾小龙.女性贫困问题研究热点透视——基于SSCI数据库女性研究权威文献的统计分析［J］.经济学动态，2015（6）：111-124.

［21］卢亚娟，刘妍.基于女性视角的中国小额信贷分析［J］.金融纵横，2009（1）：56-58.

［22］林志斌，王海民.论小额信贷运作中的性别分析［J］.社会学研究，1999（1）：92-100.

［23］B D'Espallier，I Guérin，R Mersland.Women and Repayment in Microfinance A

Global Analysis［J］.World Development，2011，39（5）：758-772.

［24］AB Bhuiyan，C Siwar，AG Ismail，TB Hossain.Microcredit impact on children's education and women empowerment-A review experience of grameen bank microfinance schemes in Bangladesh［J］.Research Journal of Applied Sciences Engineering & Technology，2013，5（1）：66-71.

［25］陈银娥，苏志庆，何雅菲.微型金融对女性减贫的影响：基于金融赋权视角的分析［J］.福建论坛（人文社会科学版），2015（3）：30-38.

［26］朱乾宇.微型金融的经济和社会效应研究评述［J］.经济学动态，2011（4）：120-125.

［27］Holvoet.Impact of Microfinance Programs on Children's Education［J］.Journal of Microfinance，2004，6（2）.

［28］周璐.拉美微型金融与女性赋权［J］.现代农业，2016（2）：108-110.

［29］李树杰.妇女小额信贷及农村金融问题研究［M］.大连：东北财经大学出版社，2015：3-40.

第五章　互联网金融扶贫手段创新

一、互联网金融的价值与意义 ❶

"互联网金融"和"金融互联网"是近几年的两个热词。人们关注两者之间的关系论战以及论战背后的诸多变化。关注互联网金融如何推动金融互联网化；关注微信的微支付、新浪的微博钱包、腾讯的基金超市如何在以 iPhone/iPaid 为依托的移动支付平台上替代现金交易；关注"比特币"如何在自建的支付系统中进行虚拟甚至是实物商品的交换；关注余额宝如何以 1 元钱的进入门槛支持"屌丝理财"……诸如此类的创新日新月异，让人眼花缭乱。

仔细想来，互联网金融的魅力绝不仅止于上述交易方式、交易结构等层面的变化，还依赖于其背后的诸多自发机制，这些机制是互联网金融蓬勃发展的根本，也使其具备了颠覆传统的力量。

（一）数据、平台、技术成为解决信息与成本问题的关键

由于缺乏充分、有效的关于企业经营的真实信息与有效的抵押物，大银行难以对小企业的贷款风险作出准确判断。互联网金融的"大数据"、平台、技术轻易解决了上述问题。阿里金融就是依靠在自己的电

---

❶ 本部分参见郭利华.互联网金融的"表"与"里"［N］.光明日报（理论版），2013-10-22.

商平台上所掌握的商家过去 6 个月的商品和货物的交易记录、账户数量、还款情况等对其进行内部信用评级，不同的评级对应不同的贷款利率。这样，资金的供需双方在平台上通过数据筛选实现了直接交易，不需通过银行、券商或交易所等金融中介。传统银行很难解决的信息问题借助在线的信用评估得到了有效解决。而且，整个的交易过程中交易成本极低。这首先源于物理网点的被替代。因为交易的完成、借款的清收等整个的交易过程都是在网络上借助现代信息科技的力量完成，鼠标键盘优势依托的虚拟网点优势替代了传统的物理网点优势，大大降低了分支机构的设立成本。从金融需求者的角度，金融互联网的出现帮助其依靠移动支付工具和系统获得任何时间、任何地点、任何形式的服务，减少了搜寻成本和交易成本。信息与成本问题的解决大大扩展了交易边界，提高了市场效率。

（二）公平的竞争原则是推动金融民主化的利器

第一，众多投资者可以极低的成本参与金融投资。以支付宝的余额宝为例，不限投资金额，不限投资期限，哪怕有一块钱都可以随时转入账户，随时购买基金公司的货币基金。这规避了目前的理财产品动辄十几万、几十万的进入门槛，给予了那些没有太多经济能力与理财经验的年轻人低成本参与金融交易的可能。而且，由于进入门槛很低，有着一万元本金的投资者最多就有一万个投资机会，充分地分散了风险。"屌丝理财"成为可能，金融也不再仅是"高富帅"的专利。

第二，民间资本的发展空间大大拓展。原来的民间借贷的进行靠的是非成文的道德约束和熟人之间的相互信任和社会惩罚，风险很大。互联网技术将这种交易从线下转移到线上，通过平台和大数据实现规模效应，在拓展交易边界的同时也有效控制了风险，拓展了民间资本的发展空间。在阿里金融的触角由互联网金融逐渐延伸到试图获取民营银行牌照之后，苏宁云商、腾讯、百度等互联网新贵以及传统行业的各路资本都开始争相追逐民营银行的牌照，掀起了继实业资本房地产热之后向银行业进军的浪潮。虽然银监会的牌照并未正式发出，但应该只是时间问题，困扰民间资本的准入问题终于有了解决的通道。

第三，小微企业享受到了更多金融服务的权利。互联网金融企业依靠自己在"信息""成本""数据"等方面的天然优势，解决了小微企业"信用评估难"的问题，面向小微企业提供了更多的差异化金融服务。比如阿里金融的发展就是借助淘宝、天猫提供的交易量和信息流，从一开始的网络收银台、支付宝账户，到后来的快捷支付、信用支付、阿里小贷、余额宝甚至是民营银行，阿里金融链条自然快速地延伸。相应地，金融资源不再仅被大企业垄断，更多的小企业介入了金融资源的配置行列。

（三）不断的金融创新凸显了强大的社会价值

第一，大众化、民主化的金融创新一定程度上逆转了社会不公平现象加剧的趋势。互联网金融不断依托信息技术进行金融创新，正如债券、养老基金等其他金融创新产品一样，创新的结果使更多的人参与金融游戏，更多的企业享受到金融服务的权利，使社会财富在更广大社会阶层中进行分配，充分展示了金融市场的调节和资源配置功能。

第二，金融创新促进了金融本身的进步。互联网金融以蓬勃发展的互联网技术为依托，以令人眼花缭乱的金融创新适应并满足了更多个体差异化的金融需求，客户可以在不提交任何担保、抵押的情况下，在极短的时间内获得贷款审批；发端于信用卡还款的P2P平台借款满足了高风险客户的金融需求；提供金融产品比较与鉴别的搜索型平台降低了消费者的搜寻成本；基于慈善需求的股权众筹让个人借出很少的钱就能去帮助那些需要帮助的人……诸如此类的金融创新极大地延展了金融体系发展的深度和广度，促进了金融本身乃至社会的进步。

第三，改变了大银行一统天下的金融格局。互联网金融被喻为"金融行业的搅局者"，虽然现在还没有对主流银行的垄断地位形成致命的打击，但其飞速发展的态势却给银行敲响了警钟。银行的融资中介和支付中介地位被撼动，传统服务模式的吸引力逐渐降低，其盈利渠道也被分流。面对互联网金融的冲击，大银行被迫应战，目前，民生、工行、中信、广发、中行、光大均已上线金融电商平台，试图扭转在信息和数据方面的劣势，并把小微企业和个人客户作为未来的争取对象和重点。传统金融格局正在内部动力和外部压力下逐渐改变，更多的机构和个人开始逐渐享受到金融系统中逐步释放出的垄断利润和改革红利。

综上，互联网金融的飞速发展不仅基于数据、平台和技术的基础，更重要的是基于互联网思想、基于其社会价值的彰显。依托于互联网技术的进步，该领域不断出现交易主体、交易结构、交易模式的创新，使金融领域呈现出了大变革的端倪。但这仅仅是互联网金融发展表面呈现出来的东西，而其背后深藏的思想精髓和社会价值才是互联网金融发展的根本。互联网金融被推崇的一个重要原因是被认为在推动"金融民主化"与实现"普惠金融"等方面有了突破与进步，更广泛的参与人数、更灵活的参与方式使金融变得更大众化、更民主化。究其根本，其发展与运行过程中对公平、竞争等市场基本原则的贯彻与尊重是其蓬勃活力的根源，这种尊重又会推动基于互联网金融思想基础上的技术创新的加快。

当然，由于完备的信用体系缺乏、存款保险制度尚未建立，以及利率市场化还没有最后完成，互联网金融的加速发展受到软性约束，目前的互联网金融涉足的领域更多的是传统金融的补充，比如，P2P涉及的个人之间借贷，阿里小贷涉及的小微企业贷款，正好都是银行没有或者很少涉及的短板。同时，市场上大量存在的线下小微企业也无法进行互联网借贷，但是，互联网金融的"鲶鱼效应"却值得肯定与关注，其飞速发展的态势足以让我们对其未来充满期待。

我们完全可以想象，按照这样的发展态势，也许有一天真的会形成不同于间接和直接融资模式的第三种金融运行机制——"互联网直接融资市场"；也许会出现基于社交网络的线上股票交易所；会出现颠覆现有的保险体系和模式的，由客户自主参与、自定产品的保险平台；最关键的，有可能出现一个统一的征信基础平台，能够将每个市场主体的行为信息数据化，然后按照互联网金融的大数据处理原理轻易进行信息的检索、查询进而进行信用评估，这样，金融市场的信用风险和市场风险就会大大降低，市场运行会更有效率。

新晋诺奖得主罗伯特·希勒在《金融与好的社会》中说，"社会需要金融"，"公平"的互联网金融以更加透明的信息处理方式以及基于大数据分析的信用评估体系的建立推动了金融民主化，使更多的人能够享受到金融服务的好处，并以其最大众化的产品、最具活力的创新促进了经济与社会的进步。这是互联网金融为好的社会做出的最有价值的贡献。

二、金融排斥、互联网金融、普惠金融 ❶

基于信息通信技术的各种金融业态（如移动支付、P2P、众筹等）在实务界早已存在，但"互联网金融"（Internet Finance）作为一个整体的概念却是由国内学者谢平、邹传伟（2012）最早提出的，他们认为互联网金融是介于金融中介和市场之间的所有金融交易和组织形式。自2012年以来，互联网金融的各种业态在我国呈现出爆炸式的发展态势，

---

❶ 本部分参见吴本健，毛宁，郭利华."双重排斥"下互联网金融在农村地区的普惠效应［J］.华南师范大学学报，2017（1）.

引起了学界、业界及监管当局的广泛关注，但各界对互联网金融本质及内涵的解读却存在着争议。一种观点认为互联网技术的普及将对传统的金融业态带来颠覆式的影响，互联网金融模式既不同于商业银行间接融资模式，也不同于资本市场直接融资模式，是属于新兴的第三种融资模式（谢平，2012，2014）。另一种观点则认为互联网金融只是金融销售渠道和获取渠道意义上的创新，而并非是支付结构或金融产品意义上的"新金融"，金融交易的本质并没有因此而改变，从这个意义上来看中国互联网金融的发展处于一种金融亢奋和过热的状态（陈志武，2014）。但是，无论是对金融模式的创新，还是对金融渠道的创新，互联网金融相较于传统金融在支付方式、信息处理和资源配置上具有的方便快捷、高效低耗、信息量大等优势是无可争议的。

2015 年 11 月中央全面深化改革领导小组审议通过了《推进普惠金融发展规划（2016—2020 年）》，其中就明确提出发展普惠金融，目的就是要提升金融服务的覆盖率、可得性、满意度，特别是要让农民、贫困人群等边缘群体及时获取价格合理、便捷安全的金融服务。普惠金融推进的难点和重点在农村贫困地区，而在农村贫困地区的金融服务供给面临着信息不对称（Stiglitz & Weiss，1981；周立，2007）、交易成本过高（朱喜、马晓青、史清华，2009；焦瑾璞，2014；马九杰、吴本健，2013）、金融供给不足（田霖，2008）、金融基础设施薄弱及风险分担机制不健全（焦瑾璞，2014；杜晓山，2008；曹凤岐，2010）等问题，这严重制约了普惠金融在农村贫困地区的推进。

互联网金融的基本特征与普惠金融有内在的耦合性。与以"二八"定律为基础的传统金融不同的是，互联网金融以平台经济和"长尾效应"为理论基础（刘英，2013）。互联网金融打破了金融服务在时间和空间上的限制（吴晓求，2015；朱迎、刘海二，2015），可以有效降低交易成本（王国刚、张扬，2015；张明哲，2014），可以有效缓解推进农村金融普惠中信息不对称问题（朱迎、刘海二，2015）。同时互联网金融还改善农村贫困地区信用环境（马九杰等，2014），拓展了农村地区投、融资渠道（王曙光等，2014），保障了普惠金融的可持续性，使其盈利目标和社会目标的融合发展成为可能（丁杰，2015）。

但是，互联网金融也存在着人种歧视、年龄歧视（Pope & Sydnor，2011）及地域歧视（廖理、李梦然，2014）等问题。

第一，互联网金融的发展依托于互联网技术及工具（如互联网、手机、电脑）的普及。农村贫困地区的农民面临着人种歧视、年龄歧视及地域歧视，这些人群电话、电脑的拥有量少（马九杰、吴本健，2014），也即存在着"工具排斥"的问题。互联网金融的发展首先需要广大农村地区互联网的覆盖，这也是目前我国新农村建设"五通"中的重点工程。据中国互联网络信息中心发布的《中国互联网络发展状况统计报告》显示，截至 2017 年 12 月，中国内地网民规模达 7.72 亿，普及率为 55.8%，超过全球平均水平（51.7%），其中农村网民占比为 27.5%。农村地区的互联网普及率虽然在近些年来得到了较快增长，但远低于城镇地区，这是互联网金融普惠效应发挥的一个短板。同时，近年来农村金融机构纷纷推出了网上银行、手机银行业务，但这些地区的贫困人群电话、电脑等电子产品的拥有量少且使用能力差，相关费用承担能力不足，都大大制约了互联网金融在贫困农村地区普惠效应的发挥。

第二，由于数字鸿沟及知识鸿沟的存在，农村贫困地区农民难以掌握互联网金融相关知识技能，可能导致其反学习性（田霖，2007），也即存在着"自我排斥"的问题。互联网金融知识普及对农民自身素质有着较高的要求，只有具备一定的文化水平和良好的金融消费习惯才能够学习掌握互联网金融的相关知识技能。自我排斥可以分为两个方面：一是农民对于互联网金融知识和技能的不了解，无法使用互联网金融产品；二是农民对于互联网工具不够信任，认为互联网工具风险无法保障，从而不愿意使用互联网金融。

第三，互联网金融机构降低信息成本优势是以基于大数据的农村征信体系为基础的，但互联网金融在农村的征信体系仍处于初创阶段，很难起到降低信息成本的作用。

以上工具排斥和自我排斥的存在影响互联网金融在农村的实施效果：其中，农民对互联网金融的工具排斥会影响互联网金融在农村地区的发展进而影响互联网金融普惠效应；农民由于互联网金融知识的缺乏或自身受教育水平限制所导致的自我排斥会抑制互联网金融普惠效应的发挥。

上述结论的政策含义是：

第一，互联网金融的推广面临着农村地区金融基础设施薄弱的约束。政府应加大互联网基础设施建设，提高互联网普及率和传输效能，为互联网金融在农村贫困地区的发展提供基本条件；对于农村贫困地区农民购买手机或电脑等具备互联网功能的电子产品实行补贴政策，以增强在农村地区互联网金融的供给条件。从供给者角度来看，互联网金融机构开发对农村贫困地区居民更友好的互联网金融产品，以满足农村地区农民多样化的金融需求，进而提升普惠金融水平。

第二，加大农村教育投入，提高农村贫困人口的受教育水平，提升农民金融素养，为互联网金融的推广提供基础。政府与金融机构、研究机构合作，增加互联网金融宣传及知识的普及，逐渐提升农民的接受程度并最终提升农村普惠金融水平。

三、涉农 P2P 网贷平台

P2P 网络贷款助农平台出现的根本原因在于传统金融机构无法满足农民的小额贷款需求，再加上农村地区互联网的普及提供了硬件条件以及农村借贷以小额贷款为主要特征，上述基本条件为P2P信贷平台的推广创造了有利环境。

截至2016年12月底，国内的P2P网贷平台中，专注于农村金融业务领域的平台有29家。这些P2P网贷平台凭借自己的信息优势和技术优势，吸引城市闲置的资金流向资金短缺的农村，深耕农业领域，发展普惠金融，不仅可以缓解农户融资难的问题，而且可以轻易获得优质资产，享受农村发展的政策红利。目前，针对农村的P2P网贷平台中具有代表性的平台主要是宜农贷和翼龙贷。

（一）宜农贷的发展模式、风控机制与发展中存在的问题

宜信公司的公益理财助农平台"宜农贷"建立于2009年春夏之交，截至2016年8月23日累计助农借出额达到2亿元。该平台是针对农村妇女的P2P信贷平台，通过宜农贷平台，有爱心的出借人可以直接将富余资金出借给那些边远农村需要资金支持的农村妇女，到期后借款人可选择收回借款，或者以循环出借的方式将资金重新出借给其他需要帮助的农村妇女。目前，宜农贷已经在244个城市和93个农村地区建立起强大的全国协同服务网络，通过大数据金融云、物联网和其他金融创新科技，为客户提供全方位、个性化的普惠金融与财富管理服务。

对于需要贷款的农户，宜农贷平台网站公示了以下条件：第一，借款人必须属于农业、农村、农民的范畴；第二，借款人必须属于贫困人群，或为其他经过合作贷款机构认可的农村中低收入者；第三，借款人必须为60周岁以下的已婚女性。宜农贷选择农村贫困妇女为借款对象的原因是农村留守妇女数量多，社会地位很低，收入也很少，但她们的家庭责任感较强，有摆脱贫困的决心和欠债还钱的信用意识，因此借款可以调动她们的劳作积极性。

从运营模式上，宜农贷属于P2P信贷平台和小额信贷机构合作的

债权转让模式。其债权转让模式主要分为以下三个步骤。

第一，小额信贷机构发放贷款。当农户向与宜农贷合作的小额信贷机构提出贷款需求申请后，小额信贷机构通过对宜农贷线上收集的数据和自己线下调查情况的进行分析，确定贷款人的收入状况及信用等级，对贷款人进行筛选并发放贷款。宜农贷线上收集的数据主要有农户的身份证、手机通话的账单、学历证明、在银行的信贷情况等信息。审核通过后，小额信贷公司与贷款户签订贷款协议及五户联保协议，承诺其他成员发生违约时借款人需承担催收及还款的责任。

第二，农户债权转让及再出售。宜农贷平台对小额信贷机构收集的贷款人信息进行审批，通过之后与小额贷款机构签订债权转让协议，由宜农贷平台的第三方账户人出资购买农户的债权，支付协议中的本金及利息。得到农户的债券之后宜农贷将贷款者的详细信息发布在平台的网站上，并将农户的债权打包成以 100 元为单位的小份额债权，开放并出售给有闲置资金及慈善助农观念的投资者。

第三，农户还款及利息分配。贷款期限到达后，农户依照协议中约定把本金和利息归还给小额信贷机构，再由小额信贷机构支付给宜农贷平台。通常情况下，农户贷款大约要承担 12% 的利息。这 12% 的利息主要由三部分构成：投资者收益大约 2%，小额信贷机构收取 5% 的成本费用和 4% 的盈利利润，宜农贷平台收取 1% 的运营管理费用。上述利润分配方式可以看出宜农贷的公益性质。

从风控模式看，首先，"线下＋线上"选择贷款农户。保证筛选出来的贷款农户确实是资金的需要者，她们愿意使用这些资金改变命运、脱贫致富，从而降低了违约的风险。其次，要求合作小额信贷机构的平均年贷款规模不低于 100 万元人民币，累计贷款客户超过 1000 人，历史坏账率低于 0.5%，员工要有 5 年以上农村信贷经验，等等。再次，贷款过程中引入了五户联保模式有利于农户之间相互激励、相互监督，同样降低了违约风险。最后，宜农贷在平台网站上出售农户债权时把债权打包成以 100 元为单位的小份额债权，保证每位借款人的还款是独立性极强的事件，尽可能分散风险。

从发展前景看，对宜农贷而言，作为公益助农的平台，对每笔贷款收取的费用远远低于其他涉农 P2P 平台，仅仅收取 1% 的管理费用，相对于宜农贷的经营成本来说难以实现收支平衡，当然，对于宜信来说，公益和宣传价值也许要远远大于经济利益的考虑。从收益分配上来看，农户贷款的利息收益很大一部分被小额贷款机构所获得，他们可获得借款额 9% 左右的利息收入，但风险却集中在资金出借人一方，但其只能获得 2% 的年化收益率，出现了收益风险上的不匹配，所以现有模式较难吸引更多的投资者，缺乏对于出借人的制度化激励，只是通过出借人的善心来维持运行，降低了平台的推广价值。

（二）翼龙贷的发展模式与风控机制

北京同城翼龙网络科技有限公司（简称翼龙贷）成立于 2007 年，是国内首倡"同城 O2O"模式的网络借贷平台。2014 年 11 月，联想控股战略投资翼龙贷 9 亿元，持股比例为 33.33%。翼龙贷成立至今，已在全国 200 多个城市设立运营中心，覆盖超过 1000 个县区，截至 2017 年底，共向农村地区输送了超过 186 亿元的信用资金，"三农"业务占比为 76.95%。

翼龙贷的运行模式为"同城 O2O"模式，也即"线上 + 线下加盟"模式。这种模式下，平台本身不是借贷的主体，而是信息的服务者和撮合者，由加盟商负责用户获取、信用调查、贷后催收等工作。

翼龙贷对借款用户的信息审核也是"线下 + 线上"的结合。用户在平台网站注册并提出借款申请后，当地加盟商会实地走访，核实用户填写的信息是否真实，并根据走访情况对用户的借贷做出初步评价。借款用户的借款额度由平台根据借款者的信用评定情况决定，借款用户只能在借款额度范围内借款。翼龙贷平台的平均借款额度控制在 6 万元左右。为了分散投资者的风险，平台对每个投资者的投资上限作出了规定：每个投资者最多只能投资某一标的贷款额度的 20%。

翼龙贷建立了风险拨备金制度，将借贷收益的 5% 提取给政府代为保管，作为风险拨备金，以应对将来在资金借贷过程中可能出现的风险。同时，也从各个加盟商提取了 20 万元的动态风险准备金，用于分散风险。

近几年来，翼龙贷的加盟商模式的弊端逐渐显现出来。首先，加盟商经营成本较高，限制了合作前景。据测算，如果完全按照平台要求的话，一个县级加盟商每年的经营成本约为 79 万元，而加盟商唯一的利润来源仅有每笔贷款所收取的 4% 的手续费，加盟商实际上很难赚到钱。因此出现了很多加盟商跑路的情况，增加了平台的风险。比如 2015 年加盟商骗款跑路问题，翼龙贷垫付了大量资金，使得平台几乎陷入绝境。其次，加盟商模式在初期的确可以迅速扩大规模，但发展到现在，信用风险高、缺乏操作风险的风控机制等问题已经较为突出。多次出现的加盟商跑路和暴力催收就是例证。

宜农贷和翼龙贷虽为助农 P2P 平台，但发展中遇到的问题与其他 P2P 平台一样，也面临金融市场外部发展环境、内部运行机制等多重制约。与美国最大的在线借贷平台网站 Prosper 进行对比可以看出一些有益的借鉴。

Prosper 是美国的一家较大型的在线借贷平台网站，是一个通过让有借款需求者和有闲置资金的出资人能够自行配对的平台站点，目前拥有超过 98 万名会员，超过 2 亿美元的借贷额，是目前世界上最大的 P2P 借贷平台。Prosper 根据借款人注册信息进行信用评级，并给出"Pros-per Rating"，等级越高，收取费用越低，贷款成功率越高，从而控制违约风险，提高借贷质量。交易过程中，Prosper 网站仅向交易双方提供必要信息，协助交易的完成，但不参与交易本身。无论风险评估、利率制定、资金回笼等均由贷款人自行评估完成，利率的确定亦由贷款人通过集合竞价形式，利率低者中标。从风控模式看，Prosper 无担保，且不负责追讨逾期未还的贷款，贷后管理环节较薄弱，但由于美国的个人征信系统比较完善，且美国有关 P2P 借贷方面的法律较健全，所以相对经营风险较小。

借鉴 Prosper 信贷平台的相关经验，首先，建立完备的征信系统对于降低行业风险至关重要，将需要借款的农户进行信用级别的划分，对信用级别高的农户，可以适当降低利息并且提高贷款额度。其次，加强和开辟数据建设通道是行业发展的基础，"线上 + 线下"是 P2P 借贷区别于传统借贷的特色，需要强大的数据支撑。最后，加强行业监管深度和力度，规范自融、拆标、企业标、巨额标、高息等行业高风险行为，目前，《网络借贷信息中介机构业务活动管理暂行办法》《网络借贷信息中介备案登记管理指引》《网络借贷资金存管业务指引》《网络借贷信息中介机构业务活动信息披露指引》等相继出台，P2P 网贷行业银行存管、备案、信息披露三大主要合规政策落地，明确了网贷行业的运营规则，有效防范了网贷行业的风险，保护了投资人权益。

四、手机银行

自 2015 年 11 月《推进普惠金融发展规划（2016—2020 年）》颁布以来，普惠金融首次上升为国家战略。互联网金融在推进普惠金融进程中的作用逐渐被认同，其在信息与成本方面的优势解决了"地理可及性"问题，增强了金融的便利性，增大了为非净值和贫困人群提供服务的可能性，其减贫效应逐渐体现。手机银行的扶贫减贫效应在各种互联网金融产品中独树一帜，其在非洲、南美洲的实践研究表明，手机的普及和手机银行的使用推动了普惠金融的建设。

（一）手机银行的国外发展实践

手机银行借助手机终端来提供金融服务，是金融服务与通信技术的有机结合。在国外其基本类型可分为银行主导型的、以移动运营商主导的，以及借助手机等移动终端资金供需双方直接完成融资活动。相较于传统的柜台服务、ATM 机服务，手机银行具有独特的优势。使用者可以随时随地办理金融业务，所需投入的维护成本低，使用门槛低，可以很好地缓解落后地区贫困人群的金融排斥，满足其基本的信贷、汇兑、支付等多样的金融需求。

手机银行在肯尼亚、菲律宾、埃及等欠发达国家发展势头良好，是因为这些地区的金融系统不完善，金融机构物理网点不足，金融基础设施不完善，手机银行可以直接替代网上银行和银行实体营业网点的功能。当然还有一个基础条件，就是这些国家的手机覆盖率很高，比如非洲地区的南非国家手机用户使用率已经达到 97%，然而金融的覆盖率只有 46%；而在肯尼亚，手机用户使用率为 56%，金融覆盖率为 10%。在亚洲，越南的手机用户使用率已经高达 127%，相当于平均一人拥有 1 部以上的手机，但是金融覆盖率仅有 29%，而在菲律宾这两个数据分别为 87% 和 26%。可见，手机的覆盖率要远远大于金融覆盖率，这对于发展移动运营商为主导的零售代理商模式具有巨大的基础优势。

目前发展较典型的有肯尼亚的 M-Pesa、南非的 Wizzit 和 MTN Mobile Money 以及菲律宾的 SMART Money 和 G-Cash。其中，肯尼亚的 M-Pesa 其注册代理网络零售店的数量已经远远超过了银行分支机构的总和，很多发展中国家正在考虑与肯尼亚合作学习并复制 M-Pesa 系统，构建一个符合本国国情的手机银行操作系统。南非的MTN，目前已经拓展到了乌干达，覆盖了乌干达85%的地区。

不同地区的手机银行有一些共同特征，比如多为非银行主导型，相应的现金收支、支付指令和信息维护均是由非银行机构完成；邮局、药店、超市等代理商的配合在有效控制成本的同时兼顾了金融服务的可达性；移动产品的普及和城镇化的发展维持并强化了城乡之间汇款与转账的需求，推进了手机银行的普及；手机银行的用户群体并不是最贫穷的人群，他们的金融素养相对于贫穷人群来说还普遍较高，较少的金融排斥水平保证了手机银行的使用效率。特别是相比于传统金融机构的成本优势非常明显，比如在肯尼亚，政府监管当局允许移动运营商签约邮局、药店、超市等作为其手机银行业务的零售代理商，并且M-Pesa承担了移动运营商与银行两者之间的资金流动渠道，客户可以不用到银行柜台办理业务，即使没有ATM机，客户也可以直接到指定的零售代理商通过手机系统操作办理金融业务，从某种意义上说，零售代理商成为了银行物理网点的替代品，实现了成本的大幅下降。大多数国家的政府均采取适度性原则促进零售代理商的发展，有的国家监管条例中允许各种实体担任代理商，例如在巴西，只要拥有POS机的零售商都可以申请为银行的代理商；有的国家则仅仅允许部分信誉较好的实体担任代理，例如印度中央银行仅允许邮局、少数的合作社和非营利实体担任代理商；在非洲，肯尼亚为了鼓励手机银行的发展，规定M-Pesa系统可以回避本国所指定的法律中规定的银行活动，M-Pesa可以根据自己的判断对代理商进行创新性的选择。

上述国家的手机普及度、信息技术发展程度和金融深度等内外部条件与我国农村地区较为相似，其发展模式具有重要的借鉴意义，对于解决我国农村金融空白，推动普惠金融建设将会产生积极作用。

（二）国内发展手机银行的基础条件已成熟

随着我国加入 WTO 后金融市场的开放加快，伴随着网络银行竞争的加剧，我国的手机银行业务开始出现。招商银行、光大银行、中国银行、中国工商银行于 2000 年 5 月开始相继开通手机银行业务，从最初只提供账户查询业务发展到今天可以进行支付、外汇、基金等全交易类业务。

但目前来看，我国的手机银行运营模式都是以银行为主导的，是商业银行通过开发手机客户端，将网上银行的业务模式直接复制到手机客户端，仅是传统商业银行业务网络的延伸，面对的依然是城市人群、原有客户。但上述手机银行在非洲和南美洲的实践表明，手机银行的诸多特点适宜作为推进普惠金融的手段在农村地区大力推广。目前我国农村金融市场已具备了发展普惠金融的基础条件。

第一，农户日益增长的金融需求的需要。随着城镇化的推进以及农村地区整体经济发展水平的提高，农户的金融需求由简单的小额资金的存取发展到汇兑、转账进而产生了理财、投资等需求，但传统大型金融机构由于信息与成本问题的考虑不愿提供或无法提供相应的金融服务，使部分农户的金融需求被压抑和排斥。农业银行和农村商业银行的商业化，村镇银行运营模式与股份制银行同质化，小额贷款公司和资金互助社的发展屡次突破法律红线等问题，导致不能有效地适应金融空白小额、分散的特点，不能有效解决供不应求的问题。手机银行方便、快捷、成本低、效率高的特性使其成为缓解农户金融排斥的优选手段。针对金融空白地区金融发展迟滞的问题，加之国外发展中国家手机银行的迅速崛起，监管层已经意识到手机银行在解决金融空白问题的重要性。2011 年，银监会在《关于继续做好空白乡镇基础金融金融服务全覆盖工作的通知》中指出，要积极发展电话银行、手机银行等现代金融服务方式。目前，我国银行中已经推出手机银行业务的包括：工农中建交等大型国有银行、全国性股份制银行、部分城商行和农商行，以及极少数农合行、新型金融空白机构和农信社。区域性手机银行基本上是网络银行的手机化。与我国金融空白相关的有特色的手机银行包括无卡取现、手机银行按址汇款和手机金融等。

第二，行业垄断被打破，激发了发展潜力。随着利率市场化改革的不断推进，传统商业银行的盈利模式发生了改变，和通信商合作建立手机银行，开拓广阔的农村市场成为其自身发展的内在需求。通信市场的市场化进程同样在加快。自 2013 年起，工信部开始派发虚拟运营商牌照，至今已有 42 家公司获得了牌照，通信市场的垄断局面已被打破，竞争日益加剧。未来，以银行为主导的、以通信商为主导的手机银行都具备了发展的基础。

第三，金融基础设施条件已经具备。根据中国互联网络信息中心（CNNIC）第 42 次《中国互联网络发展状况统计报告》统计，截至 2018 年 6 月 30 日，我国网民规模达 8.02 亿，互联网普及率为 57.7%；手机网民规模达 7.88 亿，网民通过手机接入互联网的比例达 98.3%。其中，农村网民占比为 26.3%，虽占比不大，但总规模为 2.11 亿。同时，自 2013 年 9 月起，我国已全面实行了手机登记实名登记及认证制度，具备了发展手机银行的基础硬件条件。银监会《关于做好 2016 年农村金融服务工作的通知》提出，力争在 2020 年底全面消除金融机构空白乡镇，在具备条件的行政村推动实现基础金融服务"村村通"。宏观政策也为手机银行的发展带来了新的机遇。

第四，农村教育水平和消费习惯不断提高和改变。教育水平的逐年升高为手机银行服务的推行打下了一个良好的基础，能够使手机银行的推广难度降低。同时，农村消费习惯也在逐渐改变。近几年，由于支付宝、微信等支付功能推广，极大地带动了手机支付、转账等基本功能的使用，这将为手机银行的推广打下一个良好的基础，能够帮助农民们快速接受手机银行带来的功能服务。

（三）以手机银行推动农村地区普惠金融建设的机制保障

1. 发展以移动运营商为主体的手机银行

传统手机银行模式下，运营商只负责为银行提供相应的信息服务和业务支持。但其实，运营商与银行相比，具有移动通信技术、市场网络和客户信息资源等方面的多重优势，完全可以独立开展相应的手机银行业务，特别是在移动支付领域没有发展障碍。国外手机银行的代理商模式，利用超市、邮局等实体经营网点运行，可以减少手机银行的网点开设费用、人员雇工开支，不存在大规模的资金投入。我国现有的通信商自身具有完善的经营网络，可以通过手机销售网点、超市商店等提供存款、提现、贷款、汇款等基本的银行服务，提升金融服务可达性。现阶段，向移动运营商颁发手机银行牌照或者参考南非的 Wizzit 向移动运营商和合伙企业颁发牌照，是推进普惠金融的可行手段。

2. 高度关注手机银行的安全性问题

推广手机银行，安全性问题是首要问题，特别是对于偏远地区的农户而言，安全问题事关重大，手机银行的安全性很大程度上决定了其普及程度。因此，在通信基础设施的安全管理、手机银行用户的安全教育、手机银行使用的多重认证、手机信息的加密保护、问题处理的责任认定等方面的相关制度建设亟须加强。

3. 加强手机银行监管与扶持

一方面，政府可以税收优惠和费用补贴的方式鼓励商业银行向偏远地区的贫困人群开展手机银行业务；另一方面，鼓励打破垄断，以优惠政策鼓励移动运营商利用自身运营网络开展手机银行业务。可以考虑通过手机银行途径结合社会保障、财政补贴等各项政策性服务，提高财政补贴的发放效率，减少补贴发放中的道德风险。同时，出于安全问题考虑，手机银行的安全监管至关重要。可考虑借鉴 M-Pesa 和 Wizzit 的经验，由移动运营商进行指令执行和维护，但委托商业银行托管资金账户并进行账户管理，以减少委托代理成本并增强安全性。

4. 以手机银行推进金融消费者教育

公平地享受金融交易是公民的基本权利。金融交易权的缺失会导致贫困人群无法依靠储蓄去防范风险，无法享受金融投资带来的回报，同时也错过了自身成长发展的机会。严重的金融排斥会导致这部分人群不仅仅收入贫困，而且出现以能力贫困为特征的多维贫困。手机银行的功能完善与推进将会满足农户参与各种金融市场交易的权利，不仅包括信贷权，还包括储蓄、汇兑、股票债券融资等各项权利。可以通过费率政策的调整逐渐推进和提高手机银行使用率和使用黏性，推进金融消费者消费习惯的改变，进而推进其金融素养的提高。

五、农业众筹

随着互联网技术的迅猛发展，"互联网 +"的概念风靡全国，加之我国农村网络覆盖率不断提高，"互联网 + 生态农业"逐渐成为了一种新的潮流。

2016 年 4 月 22 日，《"互联网 +"现代农业三年行动实施方案》颁布，文件特别提到以推进农业在线化和数据化为根本任务，全面提高农业信息化水平。农业众筹就是借助现代信息通信技术发展起来的新型金融工具，自 2014 年正式进入中国内地，以"从田间到舌尖"的发展模式迅速获得投资者青睐。

与传统的融资方式相比，农业众筹资金投向针对性更强，直接指向投资者认为有价值的农业产品、创新项目；投资者参与程度更高，信息相对透明公开；草根创业者获得了融资渠道，使创意成为现实，实现了自己的梦想和自身社会价值，投资者参与积极性很高。此外，具有双边市场特点的众筹平台还具有明显的"正外部性"和"正反馈效应"，因为越来越多投资者的参与吸引了更多的筹资者将项目投放到平台上，促使更多高质量的项目在平台上聚集，进一步提升项目的成功率；越来越多高质量项目在平台上的发布可以吸引更多投资者，从而形成自增强效应。

但是，目前农业众筹成功率很低。根据《2016年中国农业众筹发展研究报告》对我国各个农业众筹项目发布平台的统计，共有2250个农业项目出现在88家众筹平台上。在项目数排名居前的28个平台中，14个平台项目成功率都在50%以下。

究其原因，由信息与成本问题导致的内外部高风险是问题的关键。信息不对称导致的政策不稳定、行业经营风险、产品质量风险加大了农业众筹的不确定性；而高物流成本限制了农业众筹的发展区域，使风险贯穿于众筹的各个环节。

（一）监管与政策风险

农业众筹作为新生事物，目前尚未有专门的行业准入监管法规出台。只有2014年12月28日证监会颁布的《私募股权众筹融资管理办法（试行）（征求意见稿）》，出台了对股权类众筹的监管意见，对于推动中小微创业企业众筹融资的合法化具有积极的指导意义。其他领域监管法律的缺失对于资金监管不到位、产品标准不明晰等问题引发的纠纷没有解决标准，这不仅打击了投资者的参与积极性，更使得新兴的农业众筹行业发展受限。

（二）外部行业风险

农业众筹作为互联网金融的一部分，受到行业发展态势的影响。受

P2P 跑路潮的影响，农业众筹也被看作是诈骗、非法集资，影响其规模扩大。在具体运作中，筹资者与投资者之间存在信息不对称，增加了潜在的欺诈风险。一方面，行业发展规范与评估流程尚未建立，众筹平台对筹资者的信息披露也有限，投资者的资金安全问题难以保障；另一方面，筹资者多为不具备专业知识的农户、农场主等人群，增大了众筹扩大发展的难度。

（三）农业经营风险

农产品固有的生产周期长、保质期短、单价低，以及农业自身的脆弱性，使得农业众筹需要承担农业生产过程中的自然灾害与市场风险。一旦风险发生，就会影响农产品的收成和质量，进而影响筹资者的履约能力，进一步引发信用风险，导致投资者的利益受损，限制农业众筹的发展。

（四）成本与物流风险

我国的农业众筹目前仍保留着"高端小众"的特点，运输环节仍以"点对点"的单个农场主配送为主，效率低、成本大，单位产品的物流成本很高。同时，由于农产品保鲜的需求，需要冷链物流的支撑，但是基层物流网点交通不便的乡村，存在"最初一公里"难以支持的问题。

以上这些因素导致目前绝大多数农业众筹只能在特定地区开展，如北京、上海、广州等大城市的周边郊区，难以大范围推广，限制了农业众筹的发展广度。

以上风险涉及农业众筹的各方投资主体及行业发展的未来，所以合理的监管至关重要。但在众筹监管方面，除了美国的乔布斯法案之外，国外也缺乏法条和经验借鉴。目前，我国尚未出台专门针对众筹监管的法律法规，2014 年 12 月颁布的《私募股权众筹融资管理办法（试行）

（征求意见稿）》，为我国逐步形成专门的众筹监管法律法规提出了可行的框架。2015年《中华人民共和国证券法（修订草案）》提出了"开展股权众筹试点"的工作计划。2016年，北京市人民政府、上海市人民政府相继发布《关于积极推进"互联网+"行动的实施意见》，分别明确要"鼓励众筹业务发展，打造股权众筹中心"和"发展新兴金融模式，鼓励符合规范的股权众筹"。

六、电子商务

近年来，电子商务在农村呈现快速增长态势。农村网络零售额在全国网络零售额占比持续提升；农村服务型（非实物类）网络零售蓬勃发展，其中农村在线旅游持续火爆，居农村非实物类网络零售行业第一；农村在线餐饮、生活服务和休闲娱乐走势强劲；农村旅游资源、人口和特色产业优势等正逐步释放；农村电商综合示范点探索不同的模式，商务部、财政部电商进农村综合示范县总数达到了496个。阿里巴巴和京东是我国电商行业两种典型经营业态的代表，近几年来投入了巨额的人力、物力布局农村市场，抢占先机，两家公司农村电子商务市场的份额一度高达80%。具体分析两家电商巨头布局农村的历程、各自的模式、成因及存在的问题，可以对农村电商的发展态势进行展望。

（一）阿里在农村的布局

阿里布局农村电商的时间要早于京东。早在2003年淘宝诞生后，在江浙、广东一带就形成了一些乡镇淘宝创业聚集地——淘宝村，把互联网技术带到农村，提供"线上"与"线下"产业融合的机会；2012年衍生出"遂昌模式"——以本地化电子商务综合服务商作为驱动，带动县域电子商务生态发展，促进地方传统产业，尤其是农业及农产品加工业实现电子商务化；2015 年 11 月，阿里旗下蚂蚁金融服务集团控股的网商银行推出农村信贷产品"旺农贷"，为农村养殖业者提供无抵押、纯信用的小额贷款；2016 年 3 月，蚂蚁金服宣布启动"千县万亿"计划，希望用三到五年的时间在全国 1000 个县助推和完善"互联网 +"商业、公共服务和创业金融的平台，通过蚂蚁金服的大数据、技术能力和各地基层政府大数据相结合，撬动万亿社会信贷资源共同参与县域升级，助推城乡均衡发展；2016 年 7 月，阿里对外发布村淘 3.0 版本，村淘服务站的功能被冠以"三个中心"概念：生态服务中心、创业孵化中心和文化公益中心，将过去农村淘宝合伙人的角色定位，从创业者变成了服务者，逐步形成农村电商的生态圈。

阿里对于农村金融市场的布局，采用的是传统消费信用模式。以支付宝为核心，逐渐培养用户对于支付宝的使用习惯。根据芝麻信用在大数据领域的优势，积累海量的金融数据，提供综合的金融服务，既为其他金融机构提供数据支持，也利用本身的数据优势开展信贷业务。从商业模式来看，阿里通过电子商务平台，把工业品、农产品、金融产品都放在网络平台上，突破了"店面"销售的现状。从运营模式来说，阿里在乡村设立村淘服务中心，代购淘宝、天猫上的产品给农村用户，销售当地特色农产品等，满足农村用户的需求；从物流模式来看，阿里通过菜鸟网络与物流合作伙伴（"四通一达"、顺丰等）共同建设农村配送平台，形成通畅的农产品上行、工业品下乡双向网络。

阿里布局农村市场所依托的大数据，有着潜在的难以回避的问题，比如大数据到底属于谁？是否侵犯人们的隐私？大数据立法显然是未来趋势，而随着其征信数据的被迫开放，如何保持阿里的优势将成为关键问题。

（二）京东在农村的布局

2014年年底，京东金融正式进军农村金融。为了解决农民融资难、成本高等困难，京东引入京东白条、小额信贷等优势金融产品，以扩大对农村金融服务的支持力度，通过直营的县级服务中心和合作开设的京东帮服务店两种经营模式拓展。2015年4月，京东公布了京东农村电商的"3F战略"：工业品进农村战略（Factory to Country）；农村金融战略（Finance to Country）；生鲜电商战略（Farm to Table）。京东的"3F"农村电商战略力图构建一张集农资和工业品进村的物流配送网络和营销推广、征信数据采集网络和推广、生鲜农产品信息采集和采购网络于一体的综合性网络。这张网络由京东自营的县级服务中心、合作的乡村合作点和乡村推广员及整合社会资源的京东帮服务店等组成，其中京东帮服务店专门针对大家电等大件商品，提供营销、配送、安装、维修、保养等服务。2015年10月，京东金融选择山东汶上和四川仁寿作为试点地区，通过与大型农企和当地政府合作，推出"先锋京农贷"和"仁寿京农贷"，分别对准农户在农资购买环节和农产品销售环节的信贷需求，服务上线不足半年，在试点区域山东汶上县的贷款金额接近千万元。2016年3月，京东金融与险资合作的新涉农贷款产品"京农贷—养殖贷"落地。紧扣"农产品进城＋工业品下乡"，依托电商平台渠道下沉发展农村电商，在此基础上提供金融服务。

京东农村布局的商业模式和阿里类似，通过网络平台打造农村生态链战略，从消费、收入、服务等层面上改变了农村现在，也影响着农村的未来；从运营模式来看，京东在农村建立京东服务站，在站内有专人指导电商购物的全过程，承担配送、客户体验、乡村推广员培训、宣传和产品实物展示等重任；从物流模式来看，京东一直注重在物流体系建设上的投资，从亚洲一号物流中心到青龙仓储信息系统，再到各级配送车队无不体现着对物流体系的重视，得益于这一物流体系。

对于京东来说，不再抱定自建农村物流配送体系，而采用招募农村推广员的联合之路发展农村的末端配送，在现有物流体系的支持下，短时间内得到了快速的发展。然而在农村市场上的快速发展，必然带来对仓储运输的更大需求，而京东现有的经营模式、已有的物流中心和仓库存储能力和空间布局必然难以满足这些需求。

紧扣"农产品进城＋工业品下乡"，依托电商平台渠道下沉发展农村电商，在此基础上提供金融服务，是京东和阿里打造农村经济闭环的共同逻辑。但各自不同的业务优势与发展基因，使得二者在农村布局的战略上不尽相同。第一，发展思路。阿里的思路，基本是挖掘各地特色经济，通过淘宝店的形式加强当地对外贸易的能力，从而帮助当地农民提高收入。而京东农村金融在整个农村经济生产链条上从采购农资到生产到销售，每个环节都来做金融。第二，运营模式。京东打造了"京东帮"，完善了京东"一县一中心"的战略，将销售渠道与服务网点进一步下沉，直接将服务网点设立进村解决了村民取货与售后服务的难题。对于网点下沉可能带来的营销成本增加问题，京东采用"借壳改造"的方法，借助当地已有的农村商户建立网点控制成本。而阿里推出的"村淘合伙人"不同于京东的"借壳改造"，类似于高品质的"直营店"。"村淘合伙人"不仅提供农村网上代购的服务，还提供帮助村民完成网上代卖、缴费与取货配送等服务。阿里的"村淘合伙人"计划短期成本耗费大，但长远来看更容易赢取农村消费者的信赖。第三，风险控制。阿里的农村金融业务主要是通过筛选靠谱的农村淘宝合伙人做推荐人，由推荐人负责贷款农民的推荐和催款工作，但这种模式本身存在非常大的风险，使得阿里难以进行更大规模推广复制。相对而言，京东的模式要更深入和扎实一些。京东主要是和当地的龙头企业合作，根据供应链来控制风险。第四，农村金融。京东2015年末推出了农村信贷品牌

"京农贷"，需要贷款的农民需首先向当地京东合作企业提出申请。与京东合作的当地企业方，要求为农产品生加工企业，这类企业收购农民的农作物，所以农民向这些企业提出贷款申请后，这些企业负责资质审核并做担保，京东终审后发放贷款。而阿里则通过农村淘宝、支付宝县提供的生活服务等，将农民带上网，而后通过和农村金融机构合作，为农民提供金融服务。积累下数据后，又可以帮助农民建立起诚信档案。因此，农民可以作为单个自然人参与阿里的"蚂蚁金服"。因此京东农村金融是对 B 端服务，而阿里的农村金融则对 C 端，实施普惠金融，服务农民个人。第五，物流模式。阿里通过与物流合作伙伴共同合作的模式搭建农村配送平台，但除了中国邮政之外，其他快递公司大多数只能触及县一级城市，只有少部分可达到镇一级。这些原因都会给卖家的快递选择与买家的就近提货带来较大的困扰。而京东注重在物流体系建设上的投资，得益于此，虽然京东的乡村推广员与阿里的村淘代表一样属于联营性质，但其能够提供的在县级退换货、货到付款等服务，使得京东在农村渠道下沉的竞争中占得了一定先机。

七、移动支付

金融排斥是指社会中的某些弱势群体没有能力进入金融体系、没有能力以恰当的形式获得必要的金融服务的现象。这种现象主要集中在我国广大农村地区，制约着农民对金融产品和服务需求的满足。近年来，随着互联网技术的快速发展以及 3G、4G 等服务的推广，我国的移动支付业务行业正在迅速崛起，移动支付的出现，很好地弥补了农村金融服务相对较少的现状，通过多种渠道提升了农民对金融产品和服务的可获得性，从而缓解了我国农村的金融排斥问题。

（一）移动支付的含义

移动支付也称手机支付，是指交易双方为了某种货物或者服务，使用移动终端设备为载体，通过移动通信网络实现的商业交易。目前我国移动支付的产业链上主要有移动运营商、金融机构、第三方移动支付服务提供商、设备终端提供商、最终用户等环节。围绕着这一产业链形成了四类运营模式：以移动运营商为主体、以银行为主体、以独立的第三方为主体以及银行和移动运营商相结合的运营主体模式。当前最典型的移动支付模式是以独立的第三方支付为主体的运营模式，如微信支付、支付宝支付等。这些第三方支付平台的出现，连接了移动运营商、银行和商家，使用户有了更多的选择。用户只需加入平台中即可实现跨行之间的支付交易，便利了用户的交易的同时降低了商家和银行的成本，增加了移动运营商的收入，有效地保障了交易各方的利益，不仅在城市地区广泛使用，也在农村地区迅速发展。据《2016年移动支付用户调研报告》显示，2016年，我国县域的移动支付用户最多，占比为19.6%；省会城市列第二位，占比为19.0%；农村地区列第三位，占比为17.0%，与以往新生事物在城市更受追捧的局面不同，移动支付的发展并未呈现出明显的城乡差异，可见农村用户同样乐意使用这种支付方式。随着越来越多的农户加入使用移动支付的行列，无形中就缓解了金融排斥问题。

（二）移动支付缓解农村金融排斥问题的途径

对于金融排斥产生的原因，目前研究领域普遍接受的一个判定体系是1999年Kempson和Whyle提出的六个维度指标：地理排斥、评估排斥、条件排斥、价格排斥、营销排斥和自我排斥。

在移动支付进入农村之前，金融机构出于平滑显性成本的考虑，需要提高金融产品和服务的价格，从而导致农户产生价格排斥；出于减少隐性成本的考虑，需要限制一些农户对于金融产品和服务需求的满足，从而导致评估排斥和条件排斥。出于对利润的考虑，需要将营销目标定位于能够给其带来最大利润的群体，从而导致营销排斥。而农村地区由于地理条件复杂、交通不便、金融机构网点数量较少等原因，导致农户接近金融产品和服务较为困难，因而产生地理排斥。对于一部分农户来说，可能出于安全性考虑，或者因为某次较差的移动支付体验而主动地把自己排除在移动支付之外，进而产生自我排斥。

随着移动支付在农村更大规模的普及，这种状况将得到有效改善。

首先考虑金融机构的显性成本。显性成本是金融机构筹集资金的成本，之前成本过高是由于农村地区筹资渠道较少、农户居住较为分散等原因。随着移动支付的普及，一方面降低了这些金融机构物理网点上的成本，另一方面农户把闲散资金存入手机银行账户上，增加了这些金融机构存款的额度，降低了筹集资金的成本，因而显著降低了显性成本。

其次考虑金融机构的隐性成本。隐性成本主要指金融交易活动中由于信息不完全带来的潜在风险。由于我国农村地区征信体系建设不完善，金融机构缺乏农户的资信状况信息，无法对农户作出合理的信用评价。为了规避风险，这些金融机构只能要求农户在贷款时提供抵押品或者完整的资信档案来评估农户的信用风险。当农户不满足要求时，金融机构就会惜贷，进而形成评估排斥及条件排斥。而随着农户大量使用移动支付，这些金融机构就可以收集（或者与支付宝、微信支付等第三方支付合作收集）到农户的使用数据，了解农户的信用状况，进而建立农民的诚信档案，这样就可以降低潜在信用风险，进而控制隐性成本。

从利润的角度看，移动支付的应用降低了金融机构物理网点和支付渠道的经营成本，巩固拓展了客户群。虽然从农户那里赚到的利润不是最高的，但是庞大的农村客户群体数量上的优势，同样可以使利润大幅增加，这样金融机构就没有必要将营销目标现定于少数的可以获得高利润的群体了。这样看来，移动支付可以解决因为价格排斥、评估排斥、条件排斥和营销排斥等因素产生的金融排斥。对于地理排斥，移动支付的应用使得农户不必每次都要到金融机构网点获取产品和服务，只需通过手机便可以方便地获得所需的产品和服务。由于自我排斥是与心理因素相关的，表面上看移动支付本身并不能解决农户的自我排斥问题，但设想如果周围的人都开始使用移动支付，并且因为移动支付的方便、快捷、高效而受益，自我排斥的农户还会因为安全因素或者某次不好的体验而排斥吗？正是因为移动支付的发展可以解决造成金融排斥的这几个主要因素，因此可以缓解农村的金融贫困问题。

（三）移动支付缓解农村金融排斥问题的前提

1. 农村金融需求的不断增长

随着国家对于广大农村地区政策支持力度的不断增大，农村地区经济迅速发展，农民生活水平不断提高。据国家统计局调查数据，2017年农村居民人均可支配收入 13432 元，增长 8.6%，扣除价格因素，实际增长 7.3%。农村收入增长态势迅猛。同时，伴随着新型农村合作医疗和农村最低生活保障制度的普及，广大农民自己可以用来支配的资金越来越多，对资金支付方式的种类、安全性、便利性等的要求也在不断提高。农民金融服务需求的日益多元化，为移动支付的进一步应用提供了广阔的空间。

2. 移动支付客户数量的稳步增长

根据中国互联网络信息中心（CNNIC）第 42 次《中国互联网络发展状况统计报告》统计，截至 2018 年 6 月，我国网络支付用户规模达到 5.69 亿，较 2017 年末增长 7.1%，其中，手机支付用户规模为 5.66 亿，半年增长 7.4%。移动电话用户规模的提高以及 4G 移动电话的普及，为移动支付奠定了良好的客户应用基础和移动网络环境，推动了移动支付的爆发式增长。移动支付不用受到时间和地点的限制，只要有手机就可以享受移动支付业务，有利于满足各种类型客户的金融需求。而农村手机客户的持续快速增长，为移动支付的广泛应用提供了可能。

3. 移动支付技术的进步及支付环境的改善

随着移动支付的逐步普及，商业银行、移动运营商、清算组织、手机厂商等市场主体积极开展合作，探索多方共赢的商业模式，推动一系列的特色手机产品以及应用软件，并在商家推广多种支付方式及相关设备，营造智能支付环境，为移动支付的应用构建良好的生态。除此之外，移动支付技术也在不断改进，如指纹识别、人脸识别、声音识别等技术的发展和完善，极大地便利了支付的进行。支付技术的进步及良好的支付环境是用户使用移动支付的保障。

4. 相关法律法规的不断完善

2015 年 7 月，人民银行等十部委发布了《关于促进互联网金融发展的指导意见》，明确了移动支付的定位和监管主体；12 月，人民银行发布了移动支付管理办法，对包括移动支付在内的网络支付进行了详细规定。在这之前我国关于互联网金融的法律体系建设不完善，没有相应的行业操作规范，移动支付在这一项探索过程当中面临着相当高的经营风险和法律风险。新法规的颁布对于行业健康、规范发展具有重要的意义。

（四）移动支付在解决农村金融排斥过程中存在的问题

1. 农户自身因素

首先，部分农户保守的心理使他们更偏向于使用传统的金融服务。移动支付在使用过程中的非现金结算会让他们产生不安，担心交易过程中自己是否安全，担心一旦手机丢失自己的资金是否会损失，等等，这种心理会让他们倾向于传统的"一手交钱一手交货"的现金交易方式，进而排斥移动支付。其次，农户对这些新兴的智能化电子产品仍然比较陌生。目前我国农村大量的青壮年劳力外流，留守的多半是教育程度较低的老人或者小孩，他们对于新生事物的接受、理解能力普遍较差，缺乏足够的金融知识，往往被排斥在这些主流金融之外。

2. 安全性问题

影响移动支付在农村地区推广的关键因素是安全性问题。安全隐患主要表现在这几个方面：比如用手机进行移动支付，存在着较高的操作系统漏洞、木马植入等风险；现有的短信验证手段单一，没有基于手机的动态数据风险管控系统；缺乏手机端的支付安全整体解决方案。这些安全问题解决不了，包括移动支付在内整个移动互联网金融都将面临着巨大的风险。如果无法提供足够的安全保障，移动支付不但不能吸引更多用户，反而会让现有用户流失。

3. 农村金融机构体系不健全

一方面许多银行不愿意在农村地区设立网点，工作人员配置和设备配置只能满足提供基本的存取款服务，难以再分出力量推广移动支付。农村金融产品和服务的创新远远不能满足农村地区用户日益多样化的需求。另一方面，目前很多农村都已经实现了宽带光纤、自来水、天然气等到户，农民需要定期或不定期缴纳水、电、气、网络、通信等各种费用，传统金融业务已无法便利农民基本生活缴费需求。而从产业化发展来看，农业产业链中的农户、加工企业等多方参与者也需要一整套金融服务产品来满足资金回笼、货物订购、企业对账等经营需求，农村基层金融机构尚无法与时俱进地提供完整的解决方案和金融产品，因此农村金融机构体系的不健全制约着移动支付业务的延伸。

参考文献

[1] 郭利华.互联网金融的"表"与"里"[N].光明日报（理论版），2013-10-22.

[2] 吴本健，毛宁，郭利华.双重排斥下互联网金融的普惠效应[J].华南师范大学学报（哲学社会科学版），2017（1）.

[3] 对话翼龙贷加盟商："和平台绑在一起同生死"[EB/OL].凤凰网财经 WEMONEY
[2018-01-29].http://finance.ifeng.com/a/20180129/15954470_0.shtml.

[4] 何光辉，杨咸月.手机银行模式与监管：金融包容与中国的战略转移[J].财贸经济，2011（4）.

[5] 谢平，邹传伟，刘海二.互联网金融手册[M].北京：中国人民大学出版社，2014.

[6] 谢平，邹传伟.互联网金融模式研究[J].金融研究，2012（12）.

第六章　金融扶贫案例——来自西藏、青海、宁夏的调研

一、西藏曲水金融扶贫

1965 年 9 月 1 日，西藏自治区的成立标志着西藏金融事业进入了新的纪元。50 多年来，随着全区社会经济的发展，金融业发生了历史性的变化。金融基础设施不断改善、自身不断发展壮大、金融生态环境明显优化、服务社会经济发展的能力不断提升，逐步建立起与西藏经济社会发展相适应的现代金融体系，有力地支持了西藏经济快速、持续、健康发展。

（一）西藏自治区金融需求特征

2013 年末，西藏农牧区人口达 238.05 万人，占总人口的 76.29%，农牧民成为西藏农牧区主要的微观经济主体，也是农牧区金融的主要需求者。农牧区金融需求因不同经济主体的经济水平差异而不同。对农牧户来讲，贫困户由于依靠传统农牧业，收入单一且不稳定，其金融需求集中于小额贷款，用于弥补生产和生活资金；维持型农户解决了温饱问题，收入较稳定，有一定的支付结算、储蓄需求，信贷需求主要用于生产资料购置或临时周转，资金需求量较大；市场导向型农户以市场为导向进行专业化生产，其金融需求更为多元化和多样化，信贷需求主要用

于土地改良、农机购买，借贷资金量大，周期长。对企业来讲，农牧业产业化龙头企业制度健全，资金实力雄厚，信用等级较高，具有结算、投资、咨询、信贷、储蓄等多元金融需求，而且信贷资金需求量大；乡镇企业、个体私营企业、农牧民专业合作组织等小微企业和组织集中于储蓄、结算、信贷需求，而且信贷资金需求量较大。总体来讲，经济主体的金融需求逐渐地由满足生活需要向满足生产经营需要转变，从简单的存款、贷款需求向结算、理财、保险、信托等多样化金融需求转变（郭振海，2015）。

西藏自治区农牧区的金融需求具体有以下几个特点：

一是金融产品需求丰富化。农牧民的金融意识随着经济水平的不断提高和人们思想的解放，不再局限于早期的现金交易，开始对转账消费甚至资产保值有新的认识，这种金融意识潜移默化的改变促使农牧民对金融产品的需求更加丰富化。但是，虽然农牧民对金融产品的需求有着丰富化的趋势，目前仍关注于传统的贷款、存款，而保险、结算、理财、投资等金融服务在农牧区受到关注较小。

二是民间借贷是重要的金融力量。由于信贷程序复杂严格、信贷额度限制、金融服务软度低等原因，正规金融机构并不能满足农牧民所有的信贷需求。为解决信贷资金缺口，农牧民往往寻求于民间借贷，且依靠亲朋好友互助模式占据主流。

总的来说，西藏农牧区金融需求所表现出的特点是由农牧区社会经济发展水平决定的，与内地相比，西藏农牧区金融需求层次低、规模小、密度稀疏、效率较低，农牧户的有效需求不足。

同样的，曲水县的农牧户也存在有效需求不足的特点，究其原因主要在于：

一是小农经济的存在决定了其金融需求量小。西藏农牧区经济基础薄弱，基本上以小农经济为主，农牧民生产规模小、市场化程度低，以实现自给自足为目的。农牧业季节性周期特点和较小的生产规模决定了农牧民金融需求规模小，而且由于经济条件有限和担保机构的缺失，农牧民超过小额信用贷款额度的资金需求无法得到满足，或者因程序复杂导致信贷效率低下。

二是农牧民思想保守。西藏农牧区条件恶劣，地域广阔，人口稀少，农牧民与外界接触少，其思想比较保守，对新事物和新观点的接受力不强。在金融工作人员的努力下，大部分农牧民才逐步接受存款、信贷、保险，等等，且大部分农牧民仍认为有借贷是"不好"的行为，当有资金需求时也首先考虑亲朋好友，只有少数人才可能与沿海发达地区接轨，对最新金融服务有一定认识和需求。

三是财政转移支付及特殊优惠金融政策。大量的财政补贴也是农牧户有效需求不足的原因之一。曲水县在奶产业，高原特色设施园艺产业（瓜、菜、花卉、水果），藏鸡产业，藏香猪（生猪）产业，食用菌产业，酿酒葡萄产业，油用牡丹、玫瑰、郁金香产业，玛咖产业，藏药材产业等九大产业各方面均有一定程度的补贴，从而带动了农牧户及贫困户的收入。

（二）西藏自治区金融供给现状

50年来，西藏金融体制改革稳步推进，组织体系不断完善。建立了以人民银行、外汇管理局、银监局、证监局、保监局组成的金融管理体系，初步形成以银行、证券、保险为主体，小额贷款公司、信托公司、融资性担保公司为补充，各类金融机构相互并存、分工协作、优势互补的多元化金融组织体系。

1. 多层次金融组织体系逐步建立

（1）银行业。2016年，各银行分支机构网点建设有序推进，新开业的机构有：浦发银行拉萨分行、中信银行信用卡中心拉萨分中心、民生银行拉萨分行首家社区支行，光大银行拉萨分行已经获批筹建，同时银监会已正式同意在拉萨市堆龙德庆县发起设立 1 家村镇银行，基本形成了与全国"框架一致、体制衔接"的银行业机构体系格局。截至2016 年末，西藏银行业金融机构增至 15 家，银行业金融机构资产余额达 5233.26 亿元，同比增长 29.2%。全区共有银行业金融机构 15 家，比2010 年增加了 9 家，营业网点遍布城乡达 688 个，从业人员 9244 人。西藏银行业金融机构全年实现净利润 89.1 亿元，比上年同期增加 9.9 亿元，增长 12.5%。

（2）证券业。市场主体日益增多。截至 2016 年末，西藏有 2 家法人证券公司，3 家证券公司分公司，14 家证券公司营业部；1 家期货公司营业部；1 家公募基金管理机构，177 家登记备案的私募基金管理机构。截至 2016 年末，有 14 家 A 股上市公司，1 家 H 股上市公司，13家新三板挂牌公司，10 家拟上市公司、1 家拟挂牌企业，22 家后备企业。

（3）保险业。2016 年，西藏分别新增产险公司和人身险公司各 1家。截至 2016 年末，共有各级保险机构 63 家，其中，法人保险公司1 家，省级分公司 8 家。截至 2016 年末，西藏保险业总资产 6.5 亿元，同比增长 15.3%。其中产险公司资产总额为 4.5 亿元，同比增长 10%；人身险公司资产总额为 2 亿元，同比增长 29.4%。保险公司资产总额快速增长，保险业总体实力和服务能力进一步增强（人民银行拉萨中心支行，2016）。

此外还有多家信用担保机构、小额贷款公司、典当公司等金融机构。目前，金融服务通过基层网点、助农取款服务点以及网银、电话银行等实现了所有村镇全覆盖，基本形成与内地金融体系相互衔接，与全区经济发展相适应的金融服务体系的格局。

2. 金融基础建设逐步完善

一是社会信用体系建设工作全面推进。截至 2016 年末，企业征信系统共收录全区企事业单位及其他经济组织 8113 户，同比增长 3.6%；个人征信系统收录全区自然人约 132.9 万人，同比增加 4.9%。全面启动第二批农村信用建设工作，大力开展信息采集和信用创建工作。截至 2016 年末，全区农牧区信用信息基础数据库采集户数达 67807 户。

二是农牧区支付服务环境显著改善。截至 2016 年末，西藏全区累计设立助农取款服务点 5388 个，填补金融服务空白行政村 3701 个，全区剩余金融空白行政村 995 个。截至 2016 年 11 月末，累计布放 POS 机具 17832 台、电话支付终端 7952 台、ATM 终端 1926 台。截至 2017 年 4 月底，西藏全区金融 IC 卡发行量达到 294.6 万张，同比增长 31.57%，银行卡发卡量达到 476.74 万张，同比增长 17.92%。金融 IC 卡占银行发卡总量的 61.8%，新增银行卡中金融 IC 卡占比达 97.64%，部分银行机构新发行的信用卡为磁条卡。金融 IC 卡已实现在医疗、校园、公交、出租等行业的应用。

3. 金融业整体实力大幅提升

全区银行业金融机构总资产、总负债以及利润等总体指标都有了跨越式增长，风险抵补能力不断增强。

2016 年，西藏金融机构本外币各项存款余额 4379.7 亿元，同比增长 19.3%，高于全国增速 8 个百分点。截至 2016 年末，西藏金融机构本外币各项贷款余额 3048.6 亿元，同比增长 43.5%，高于全国增速 30.7 个百分点。其中，中长期贷款增长迅速，余额 2462.2 亿元，同比增长 52%。信贷投向重点突出，信贷结构进一步优化，支持实体经济发展的能力进一步增强。小微企业贷款余额 765.1 亿元，同比增长 1.4 倍；涉农贷款余额 859.8 亿元，同比增长 1.1 倍。

资本市场方面，截至 2016 年末，2 家法人证券机构资产总额 309.6

亿元，同比增长 7.3%；负债总额 216.4 亿元，同比下降 11.8%。截至 2016 年末，客户交易结算资金余额 128.4 亿元，同比上升 0.6%。截至 2016 年末，辖区 17 家证券分支机构合格资金账户数 1239550 户，代理买卖证券款 45.7 亿元，客户资产 503.6 亿元。2016 年，辖区各证券分支机构证券交易量 16954.9 亿元，营业收入 6.2 亿元，净利润 4 亿元。

保险业取得飞速发展，整体实力明显增强，保费收入规模不断扩大。2016 年末，西藏保险市场实现原保险保费收入 22.3 亿元，同比增长 28.2%。其中财产险业务 13.9 亿元，同比增长 24.8%；人身险业务 8.4 亿元，同比增长 34.2%。累计赔付支出 10.1 亿元，同比增长 25.3%。其中，人身险业务赔款支出 3.1 亿元，同比增长 39.7%；财产险业务赔款支出 7 亿元，同比增长 19.8%（人民银行拉萨中心支行，2016）。

4. 特殊优惠金融政策

西藏金融机构继续执行中央赋予西藏的特殊优惠货币政策。西藏金融机构贷款利率以西藏优惠贷款利率为上限实行上限管制；存款利率政策与全国保持同步，实现了人民币存款利率市场化。西藏银行及林芝村镇银行各类存款上浮幅度均不超过央行基准利率的 1.5 倍，其他在藏银行业金融机构存款利率均按各自总行要求的浮动水平执行。

（三）西藏自治区金融扶贫现状

紧扣"精准扶贫、精准脱贫"基本方略，2016 年出台了《关于进一步落实精准扶贫金融政策和信贷资金安排的意见》，明确"十三五"时期西藏金融扶贫总体规划，明晰搬迁扶贫类贷款、到户扶贫类贷款、产业扶贫类贷款、扩大抵押物范围扶贫类贷款、社保类金融产品和其他类贷款 6 大类 19 项精准扶贫金融政策和具体措施，为构建全方位覆盖农牧区各阶层和弱势群体的普惠金融体系，为打赢脱贫攻坚战提供了强有力的金融支撑。

农行西藏分行为满足自治区建档立卡贫困农牧户合理贷款需求，助力全区贫困农牧户早日脱贫致富，结合区域实际制定了《中国农业银行西藏自治区分行精准扶贫小额到户贷款管理办法》，制作了"精准扶贫贷款证"，制定了专项工作机制。中行西藏分行在原有扶贫贴息贷款实施细则的基础上，从贷款对象、准入条件、担保方式等方面进一步细化、完善，制定了更加符合西藏区情和农牧民需求的《中国银行股份有限公司西藏自治区分行农牧户个人贷款管理实施细则》。建行西藏分行为切实做好精准扶贫各项金融工作，制定了《中国建设银行西藏自治区分行精准扶贫工作方案》。林芝民生村镇银行根据精准扶贫工作要求，制定了《林芝民生村镇银行"双基联动"扶贫贷款实施细则》，确保了精准扶贫工作的高效推进（朱耀宗，2017）。

1. 精准扶贫贷款

截至 2017 年 5 月底，农行西藏分行累计发放扶贫贴息贷款 54.79 亿元，贷款余额已达到 192.15 亿元。其中，发放产业扶贫贷款 29 笔，累放金额 8.21 亿元。另外，今年个人扶贫贴息贷款余额达到 81.04 亿元，其中为建档立卡贫困户发放贷款 7.89 亿元，贷款余额 31.31 亿元，扶持的建档立卡贫困户达到 6.56 万户，使 21.24 万贫困人口受益（朱耀宗，2017）。

目前，全区涉及的精准扶贫贷款包括易地扶贫搬迁贷款、建档立卡贫困户小额信用贷款、农牧户信用贷款（"四卡"农牧户信用贷款）、农房改造贷款、致富带头人贷款、农业产业化经营龙头企业和扶贫龙头企业贷款、农牧民专业合作经济组织贷款、农牧区小型基础设施建设贷款、农牧区社会事业项目贷款、精准脱贫产业贷款、"两权抵押贷款"、林权抵押贷款、城乡妇女小额担保贷款、中小微企业小额保证保险贷款等，全方位助力贫困人群脱贫。

2. 金融助推产业扶贫

根据《西藏自治区"十三五"时期产业精准扶贫规划》，西藏有近一半的贫困人口需要通过产业脱贫，共涉及六大主导扶贫产业的 3816 个项目，总投资达 1038.5 亿元。其中，需要信贷资金 734.66 亿元，约占 70%。在当前经济形势下，迫切需要金融发挥杠杆作用，弥补西藏产业扶贫资金缺口，增强西藏产业扶贫的内生动力和发展活力。其中，国开行西藏分行对拉萨市曲水县农业产业化示范基地项目发放贷款 1 亿元，支持拉萨市净土健康产业；农发行西藏分行为林芝地区发放产业项目贷款 3 亿元；工行西藏分行对西藏高原之宝牦牛乳业股份有限公司贷款 1 亿元，有利带动了当地农牧民增收；建行西藏分行向西藏兰泽贸易公司发放贷款 0.40 亿元，解决当地近 400 贫困人口就业问题；西藏银行向农牧区扶贫龙头企业、农牧产业经营企业、农牧民专业合作经济组织等提供贷款达 0.40 亿元。2017 年第一季度末，西藏产业扶贫贷款余额 2.5 亿元；第二季度截至 6 月 20 日，全区共完成金融对接扶贫产业项目 1428 个，可以投放贷款项目 278 个，预计投放金额 20.14 亿元，其中已经投放贷款项目 42 个，共计 1.95 亿元。

3. 创新金融服务

一是扶贫再贷款。2016 年 6 月 2 日，由人民银行林芝市中心支行向林芝民生村镇银行成功发放西藏首笔扶贫再贷款，贷款金额 2000 万元，期限 1 年，利率为 1.75%，专项用于林芝市发展特色产业和贫困人口就业创业。

二是切合实际出台"两权"抵押贷款试点管理办法。在拉萨市曲水县和林芝市米林县开展试点，有效拓宽贫困户抵押担保物范围。

三是农行西藏分行针对西藏农牧区的特点。2001 年前，农行西藏分行在全国首创"金、银、铜"三卡小额信用贷款产品，2005 年又补充推出钻石卡贷款，形成"钻、金、银、铜"四卡农牧户信用贷款产品体系，并先后 3 次提高授信额，解决农牧户不同层面的消费及生产经营融资难题。截至 2016 年 11 月末，"四卡"发证量累计达 46.03 万张，发证面和使用率均达到 98% 以上。

四是精准扶贫"达孜"模式。通过选定拉萨市达孜县作为金融精准扶贫试点县，创新精准扶贫到户贷款自主发展和带动帮扶两种运作模式，建立"一户一策"精准扶贫金融服务档案，设立致富带头人贷款、农业产业化经营龙头企业贷款、扶贫龙头企业贷款和农牧民专业合作经济组织贷款等，通过与建档立卡贫困户签订扶贫责任协议，成功将扶贫相关部门与建档立卡贫困人口利益紧紧联系在一起，从根本上带动贫困户脱贫，并在全区积极推广达孜县金融精准扶贫模式。达孜县建档立卡贫困户获得了 5 万元以内、期限 3 年、免担保、免抵押、免利息的"三免贷款"，并成功为 13054 户贫困户发放贷款 60466 万元，正式开启了"穷人贷款"模式，为西藏金融精准扶贫作出了有益尝试。

（四）曲水县金融环境及金融扶贫现状

曲水县政府研究制定了《曲水县精准扶贫精准脱贫工作的实施意见》，成立县扶贫开发领导小组，下设脱贫攻坚指挥部，建立指挥部"联席会议"制度，形成"上下联动、部门协同"的"大扶贫"格局。实践了"654321"的扶贫脱贫新路子，建立健全"5321"帮扶监测机制和帮扶信息平台。1371 户 4792 人建档立卡贫困人口已全面实现脱贫。全年申报扶贫项目 16 个，总投资 6883 万元。资本市场方面，西藏高争民爆股份有限公司首次公开发行并在深圳证券交易所 A 股中小板上市。该公司是目前西藏自治区唯一的民爆器材流通企业，主营业务为民爆器材的销售（流通）、配送、工业炸药生产和爆破服务。公司在拉萨市曲水县、昌都市各自建成一套混装车系统（各配混装炸药车 2 台）。

曲水县负责扶贫的金融机构主要就是农行，农行曲水县支行所辖五个营业所，共有员工41人，其中营业所20人，县支行21个。截至2017年7月22日，农行各项存款余额140874万元，比年初增加5178万元。其中：对公存款余额92237万元，比年初减少5067万元；储蓄存款余额48637万元，比年初增加10245万元。各项贷款余额68256万元，比年初增加10629万元。其中：对公贷款余额12106万元，比年初增加820万元；个人贷款余额18195万元，比年初增加4297万元；涉农个人贷款余额37954万元，比年初增加5512万元。现在曲水县除了南木乡是金融空白服务点，其他的四乡一镇都有农行的"三农金融服务点"，每个点上有三到四个人，农牧民都能便捷地获取基本金融服务。

此外，曲水县在金融扶贫方面也进行了有益的探索。

1. 价值链金融

曲水县为进行土地适度规模经营，发展了订单农业，涉农企业通过"企业＋合作社＋基地＋农户""企业＋基地＋农户"等与合作社、农户签订农业订单，合作社、农户按照标准化生产规程开展标准化生产、收获符合标准农产品后，由涉农企业统一收购，发展土地适度规模经营，带动农户增收。

如三有村成立了奶牛养殖合作社、藏鸡养殖合作社。合作社以"企业＋合作社＋基地＋贫困户"的模式运行，贫困户以劳务输出的方式进行入股、分红、增收，提高贫困户收入。

又如睿健净土公司采取"企业＋农户"模式，通过与农户签订玛咖种植、收购合同，指导农户进行标准化生产种植玛咖，年底统一收购的方式，推动县域近万亩玛咖实现了土地适度规模经营。通过订单农业，试验区土豆、设施温室蔬菜瓜果、玛咖、食用菌、藏中药材等5万余亩土地实现了适度规模经营。才纳净土健康产业园2016年全年共融资20多亿元，用于才纳现代农业示范区和万亩乡土苗木良种繁育基地、奶牛养殖基地、中藏药材种植基地、百亩连栋温室、有机肥厂等重点项目的建设，预计未来三年每年可带动农牧民群众务工 20 万人次以上，在带动贫困户在实现精准脱贫的基础上，三年内人均收入可达 1 万元以上。

订单农业是价值链金融的典型，买方与农户之间签署的订单合同给银行发出了资金安全的信号；而农民与龙头企业签署的合同，不仅规定了农产品价格、数量、交易日期等，更重要的是规定了龙头企业如何为农民提供生产资料、资金或技术指导，促进农民生产能力的提高。

除此之外，曲水县还利用"企业 + 贫困户"对资产收益扶贫进行了探索。

曲水县在易地扶贫搬迁安置点建设了 32 间商铺，对有经营意向、经营理念成熟、运营性强的贫困户，以租赁的形式将商铺出租收益。商铺出租优先考虑经营能力强的搬迁安置贫困户，搬迁户月租金为 500 元，非搬迁户月租金为 1000 元。首付押金为 3000 元。商铺的日常经营管理由企业负责。商铺租赁合同由企业与承租户签订。2017 年年底，商铺租金收入为 38.4 万元，商铺在扣除运营成本、其他费用外（4 万元），提取最终盈余中 10% 滚动金、20% 企业利润后，商铺盈利剩余 70% 以分红的方式分发给搬迁点贫困户，2017 年年底搬迁户每人分红 338 元。

2. 抵押品扩展

2015 年 12 月，经全国人大授权，曲水县成为西藏唯一同时获得农村承包土地经营权抵押贷款试点县以及农民住房财产权抵押贷款试点县的区县。截至 2016 年末，已全面完成全县 5 乡 1 镇 17 个行政村 133 个村民小组、7201 户 86314 亩农村土地承包经营权颁证工作。目前，曲水县宅基地使用权、住房所有权确权率 100%，宅基地使用权、住房所有权颁证率达 100%。曲水县出台了《曲水县农村宅基地有偿使用、流转和退出审批管理暂行办法》，发放首批农民住房财产权抵押贷款 263 万元，"两权"抵押贷款全面铺开（曲水县政府工作报告，2016）。

调查中发现，与内地情况不同的是，内地农户没有"四卡"业务，所以对住房财产权抵押贷款的需求较强。而西藏多数农牧户已经取得了"四卡"，"四卡"业务已经能够满足农牧民日常的农牧生产对资金的需求，对住房财产权抵押贷款的需求不足。据曲水农行的负责人介绍，有一笔成功发放的贷款，在贷款十余天后，农户又把贷款还了回来。

3. 互助资金贷款

聂当乡德吉村成立了互助资金贷款模式，资金金额 40 万元，来自扶贫办，资金占用费即利息一年 1 万元。德吉村有贫困户 97 户，该资金互助社面向村内所有人，优先满足贫困户借贷需求。从 2016 年起，已有 11 个主体进行借贷，其中只有 1 人是贫困户，贷款了 5000 元，贷款用途为到内地看病所需的交通费。这 11 个主体中有 2 个合作社，各贷了 10 万元，也是该组织目前最高贷款金额。该互助资金组织将所贷资金及利息年底收回，再将所获利息给贫困户进行分红，不进行留存。目前，40 万元资金已全部贷出。该村没有贫困户入股互助资金贷款，原因是认为自己不具备还款能力。向互助资金组织借贷，需所在小组的组长进行担保，当年借当年还。该村村委会副主任表示没有扶贫贴息贷款。

该村农户收入一般都存入银行，没有将资金存入互助资金组织的现象。以前该组织有 POS 机，目前由于农行建立在村委会旁，方便存取钱，且农牧户偏爱于显示交易流水及余额的存折，POS 机效用减弱，所以已将 POS 机归还于银行。

4. 互联网金融

电商扶贫模式方面，曲水县全力打造互联网电子商务平台等新型产业模式，成为全国电子商务进农村综合示范县，在全县 5 乡 1 镇 17 个行政村，第一批已确认电商运营网点 25 个，装修主体已基本完工，网点及运营中心的相关配套设施已订购。

三有村充分利用电商平台、微信公众号，发挥电商扶贫的功能，自2016年8月试运行以来，专、兼职工作人员通过平台销售藏鸡蛋、雪菊等特色产品，为搬迁户创收近4万余元，同时通过线上购物方便了群众生活之需。

5. 精准扶贫贷款

（1）农牧户信用贷款（"四卡"农牧户信用贷款）。农行西藏分行针对西藏农牧区的特点，形成"钻、金、银、铜"四卡农牧户信用贷款产品体系，并先后3次提高授信额。农牧户信用贷款"四卡"授信额度分别为：钻石卡三星、二星、一星最高授信额度分别为30万元、20万元、15万元。信用县范围内"金、银、铜"卡最高授信额度分别为10万元、8万元、7万元。信用乡（镇）范围内"金、银、铜"卡最高授信额度分别为8万元、7万元、6万元。非信用乡（镇）范围内"金、银、铜"卡最高授信额度分别为7万元、6万元、5万元。贷款期限最长不超过8年。贷款利率对符合扶贫贴息贷款条件（即建档立卡贫困户）的执行西藏扶贫贴息贷款利率（1.08%）；对不符合扶贫贴息贷款条件（非建档立卡贫困户）的执行西藏金融机构一般商业性贷款利率。

"金、银、铜"卡，曲水县的授信额度分别为6万元、7万元、8万元。加上"钻石卡"，四卡贷款利率为一年以下是2.35%，一年以上五年以下是2.75%，超过五年都是2.95%。目前，全县发放金卡3709张、银卡1922张、铜卡2420张，钻石卡一星361张、二星373张、三星286张。

（2）建档立卡贫困户小额信用贷款。2016年开始，曲水县农行开始发放建档立卡贫困户小额信用贷款，该贷款是对建档立卡贫困户自主发放的，对有贷款意愿、有就业创业潜质、技能素质和一定还款能力的建档立卡贫困户提供5万元以下、3年以内的信用贷款，执行西藏扶贫贴息贷款利率1.08%。2017年上半年共发放了406万元。

据了解，建档立卡贫困户小额信用贷款发放额度不多，原因是在2016年出台精准扶贫贷款的政策以前，包括贫困户在内的农牧户主要申请"金、银、铜"卡，其授信额度分别为6万元、7万元、8万元，超过了建档立卡贫困户小额信用贷款的额度5万元，而"金、银、铜"卡的贷款利率对符合扶贫贴息贷款条件（即建档立卡贫困户）的执行西藏扶贫贴息贷款利率（1.08%）；有些农户虽然属于建档立卡贫困户，即使不享受扶贫贷款利率也不愿意让所获额度下降，所以虽然建档立卡贫困户小额信用贷款发放力度不大，但加上一部分申请了"金、银、铜"卡的贫困户，实际上扶贫贷款发放的力度是很大的。如2016年建档立卡贫困户小额信用贷款加上"金、银、铜"卡农牧民到户贷款发放将近2亿元，其中30%多属于对贫困户的贷款。

产业扶贫方面，曲水农户2016年共发放了1800万元，通过产业发展带动村民脱贫。这里涉及两个企业，一是白鸽仓商贸有限公司，主营民族产品，贷款300万元；二是西藏携手木雕家私有限公司，贷款1500万元，曲水村6组的40多户村民通过到这家公司打工，实现了脱贫。

6. 保险扶贫

西藏自治区政策性涉农保险从2006年开办，对西藏农牧民生产生活所涉及的种植业、养殖业、农牧民住房、农牧民机动车辆、能繁母猪、意外伤害、大病医疗提供了较为全面的保险保障。主要针对的是农牧民和种养大户。种植业包括青稞、玉米、水稻、小麦、马铃薯、大棚蔬菜、油菜等；养殖业涵盖藏系牛（牦牛、黄牛、犏牛），以及藏系羊（绵羊、山羊）等；财险包括农牧民住房和大棚主体框架。费率为种植业2%和6%（大棚蔬菜），养殖业是1.5%，农牧民住房是1%、大棚主体框架是6%。政策性农业保险采取联办共保模式，自治区财政厅和承保机构按照6：4比例进行联办共保，保费由中央财政承担40%，自治区财政承担 40%，地（市）级财政承担 8%，县（市、区）级财政承担 8%，参保农牧民承担 4%。农牧民承担的比例很小，主要是想让农牧民慢慢了解保险，逐渐产生保险的意识，让其知道，只要参保，受灾以后就会得到保险赔偿。目前，曲水县保险覆盖率已达 100%。

曲水县商业性保险于 2016 年开始投保，主要是对政策性农险不覆盖的农作物和牲畜进行投保，如对奶牛养殖业，鸡、鸭等家禽养殖业，动物保护园里的 8 种动物和特色净土种植业的 25 种作物进行了投保。目前，曲水县商业性种植业保险覆盖率达到 90%，商业性养殖业的保险覆盖率为超过 80%。

农牧民大额补充医疗保险，在农牧区基本医疗管理制度保障基础上，对患大病发生的高额医疗费用给予补偿的一种商业补充医疗保险，是农牧区医疗制度的拓展和延伸。自 2011 年开始，农牧民大额补充医疗保险的保费就由自治区人民政府全额出资，农牧民群众不需要出资。其起付线金额为 6 万元，赔付比例为 100%，每人最高保险金额为 7 万元。

（五）结论与思考

在曲水县，由于农牧户收入不低，对资金的有效需求不足，金融扶贫如果仅仅针对农户是不足的，所以曲水县乃至西藏的金融扶贫更多地需要跟产业结合。金融扶贫有两个路径：一是通过直接提高贫困户的信贷可得和金融可得来提高农户的收入；二是通过发展产业来带动贫困户的发展。

经过调查，西藏自治区政府及曲水县政府在金融精准扶贫方面做了很多工作，尤其是政策性保险方面发挥了较强的保险扶贫的功能，虽然政策性保险面向的是全县农牧户，但由于所交保费较少，而补偿的赔付却很高，也具有扶贫保险的作用。虽然保险业务主要集中在政策性保险，但是曲水县的商业性保险也有所发展，且是全区第一个做的险种。2016 年，曲水县成为保险示范点，政策性和商业性的保险总额一共达到 1200 多万元。政策性和商业性、种植业和养殖业并存成为曲水县保险的特点。

在巩固前期扶贫成果基础上，曲水下一步的金融扶贫应在充分考虑地区区位与环境优势、理解运用针对西藏的各类特殊优惠政策基础上，不断进行金融创新。

1. 创新金融扶贫产品

2016 年，人民银行拉萨中心支行出台了《关于进一步落实精准扶贫金融政策和信贷资金安排的意见》，明确"十三五"时期西藏金融扶贫总体规划，明晰搬迁扶贫类贷款、到户扶贫类贷款、产业扶贫类贷款、扩大抵押物范围扶贫类贷款、社保类金融产品和其他类贷款 6 大类 19 项精准扶贫金融政策。具体包括易地扶贫搬迁贷款、建档立卡贫困户小额信用贷款、农牧户信用贷款（"四卡"农牧户信用贷款）、农房改造贷款、致富带头人贷款、农业产业化经营龙头企业和扶贫龙头企业贷款、农牧民专业合作经济组织贷款、农牧区小型基础设施建设贷款、农牧区社会事业项目贷款、精准脱贫产业贷款、"两权抵押贷款"、林权抵押贷款、城乡妇女小额担保贷款、中小微企业小额保证保险贷款等。然而，在曲水县调研过程中发现，在面向农牧户的贷款中，仅易地扶贫搬迁贷款、建档立卡贫困户小额信用贷款、农牧户信用贷款（"四卡"农牧户信用贷款）、"两权抵押贷款"四类得到有效发挥，其他如农房改造贷款、致富带头人贷款、城乡妇女小额担保贷款等均未涉及。

目前来看，曲水县农牧户对资金借贷的有效需求不足。曲水县多数农牧户已经取得了"四卡"，"四卡"业务已经能够满足农牧民日常的农牧生产对资金的需求，对住房财产权抵押贷款等现有金融产品的需求不足。在聂当乡德吉村的互助资金贷款，11 人中仅有 1 人为贫困户，贫困户的有效需求也不足。

2.金融助推产业发展

除了通过直接提高贫困户的信贷可得和金融可得来提高农户的收入，还有一个重要的方式是通过发展产业来刺激农牧户及贫困户的金融需求，进而带动贫困户的发展。资本是当今世界创新型产业经济的"发动机"，只要让资本和市场主体有效组合，就能给产业发展插上腾飞的翅膀。在曲水县大力推进净土健康产业发展的背景下，促进金融资本的进入推动产业发展来带动农牧民增收是当下曲水县金融扶贫工作的重点。

（1）供应链金融。依托与基地大力发展订单农业，推行"订单式"种养殖，畅通农产品销售渠道，构建龙头企业、专业合作社和农户间的利益共享机制，实现农民就业、农户增收、企业增效的目的。充分发挥供应链金融扶贫的效果。

鼓励和支持发展市场主体帮扶、能人大户帮带、贫困农牧户联办等产业化经营模式，切实加大产业及贫困农牧户的组织化程度，建立健全"公司（企业）+专业合作组织+基地+贫困农牧户"的发展模式，建立紧密的利益链接机制，实现产业发展与贫困农牧民脱贫致富双促进。进一步引导发挥市场主体、能人大户的传帮带作用，依托农牧民专业合作经济组织等市场主体、能人大户的带动和典型引路，逐步转变贫困户农牧民落后观念，树立发展意识。

（2）扩大融资渠道。曲水县目前经济发展总体水平低，产业支撑能力弱，产业升级问题严峻，发展内生动力不足。曲水县的净土健康产业发展分为两大模式：一是全靠财政资金和援藏资金，如净土健康产业园；二是靠金融资本，如动物保护园，国开行授信 1 个亿，用信 4000万元。

金融资本进入产业，要鼓励净土健康企业通过收购、控股、委托经营、融资租赁、品牌联盟等多种形式，对同类产品加工、流通中小企业实行兼并联合，培育具有较强市场竞争力的大企业大集团，支持和鼓励企业上市融资。鼓励企业通过融资租赁、资产证券化、信托投资计划等方式，大胆探索企业债券、信托基金、私募基金、集合票据等手段扩大融资规模。

（3）创新贷款品种。净土健康中小企业融资渠道比较狭窄，缺乏必要的抵押物，担保机构担保能力有限，导致企业很难从金融机构贷到钱，净土健康企业融资困难。可以引导净土健康加工企业集聚发展，发挥供应链金融的优势，延长产业链条。引导和鼓励金融机构针对净土健康产品设立特殊的贷款品种，如仓储货单、合同订单、应收款项、原材料、在建工程等形式的抵押贷款，和土地储备贷款等，并加大信贷扶持力度，提高净土健康产业企业的授信额度。

（4）IPO扶贫。要充分利用国家优惠政策，推动净土健康企业上市，撬动金融资本进入净土健康产业，做好IPO扶贫。

2016年9月9日，《中国证监会关于发挥资本市场作用服务国家脱贫攻坚战略的意见》（以下简称《意见》）发布，明确贫困地区企业申请首发上市实行"即报即审、审过即发"政策。

对注册地和主要生产经营地均在贫困地区且开展生产经营满三年、缴纳所得税满三年的企业，或者注册地在贫困地区、最近一年在贫困地区缴纳所得税不低于2000万元且承诺上市后三年内不变更注册地的企业，申请首次公开发行股票并上市的，适用"即报即审、审过即发"政策。对注册地在贫困地区的企业申请在全国中小企业股份转让系统挂牌的，实行"专人对接、专项审核"，适用"即报即审、审过即挂"政策，减免挂牌初费。对注册地在贫困地区的企业发行公司债、资产支持证券的，实行"专人对接、专项审核"，适用"即报即审"政策。

鼓励上市公司支持贫困地区的产业发展，支持上市公司对贫困地区的企业开展并购重组。对涉及贫困地区的上市公司并购重组项目，优先安排加快审核；对符合条件的农业产业化龙头企业的并购重组项目，重点支持加快审核。

鼓励上市公司、证券公司等市场主体设立或参与市场化运作的贫困地区产业投资基金和扶贫公益基金。对积极参与扶贫的私募基金管理机构，将其相关产品备案纳入登记备案绿色通道。

《意见》提出："证券行业各类帮扶主体要与贫困村和建档立卡贫困户紧密衔接，建立带动贫困人口脱贫挂钩机制，因地制宜、分类施策，坚持真扶贫、扶真贫，确保扶贫政策精准、对象措施精准、脱贫成效精准。"上述《意见》还提到，"鼓励证券公司开展专业帮扶，通过组建金融扶贫工作站等方式结对帮扶贫困县，与当地政府建立长效帮扶机制，帮助县域内企业规范公司治理，提高贫困地区利用资本市场促进经济发展的能力"。

该《意见》强调两点，一是优先支持贫困地区企业利用资本市场资源，二是证券市场的全体参与者积极参与扶贫。

2016年9月，中国证券业协会在官网发布《助力脱贫攻坚 履行社会责任——证券公司"一司一县"结对帮扶贫困县行动倡议书》，向证券公司和证券从业人员倡议，开展"一司一县"结对帮扶行动，每家证券公司至少结对帮扶一个国家级贫困县。随后，证券业协会在官网先后公布五批结对帮扶名单。西藏自治区曲水县在第四批帮扶名单中，其对接的证券公司为西藏东方财富证券，而该证券公司也在第一批帮扶名单中对接帮扶西藏自治区嘉黎县。

事实上，《意见》公布前，为支持新疆、西藏经济社会发展，证监会对于新疆、西藏企业申请首次公开发行股票的，均给予优先审核的绿色通道政策。如2016年底上市的西藏高争民爆（002827，SZ）和西藏易明医药享受了绿色通道政策。从核准时间看，西藏高争民爆和西藏易明医药较其他企业核准周期较短，体现了证监会对西藏经济社会发展的支持。但西藏高争民爆和西藏易明医药履行了完整的受理、反馈、初审、发审程序，在审核环节上没有简化，在审核标准方面没有降低。

（5）发行债券。西藏自治区内发行的债券主要集中在地方政府债、短期融资券、公司债、可交换债和中期票据上。对于曲水县的企业来看，公司债、可交换债和可转债为不错的选择，而曲水县现有的条件更是符合绿色债券的发展。

绿色债券是指募集资金主要用于支持节能减排技术改造、绿色城镇化、能源清洁高效利用、新能源开发利用、循环经济发展、水资源节约和非常规水资源开发利用、污染防治、生态农林业、节能环保产业、低碳产业、生态文明先行示范实验、低碳试点示范等绿色循环低碳发展项目的企业债券。

绿色产业项目是指有利于改善气候、空气、水、土壤、生态、能源消耗等环境友好型或环境修复型项目。目前主要参照中国金融学绿色金融专业委员会编制的《绿色债券支持项目目录》和国家发改委发布的《绿色债券发行指引》。充分发挥曲水蓝天净土优势，发展净土健康产业可以充分利用绿色债券工具，提高融资效率。

（6）设立净土健康产业发展担保资金。拉萨市的担保公司要扩大资本金规模，单独设立净土健康产业发展担保资金，健全覆盖全市净土健康产业发展的融资担保体系，增强净土健康企业融资能力。曲水县也可以成立政策性产业融资担保机构，加大资金注入、提升服务水平，变银行企业双方对接为银企保三方合作，助力企业发展。

3. 互联网金融的发展

近两年西藏民众使用"京东白条"这一全新支付方式的人群明显升高，2016 年使用白条的用户数量同比增长了 189%，花费的金额几乎是 2015 年的 3 倍。以支付宝为例，其发布的 2016 年中国人全民账单显示，西藏以 90.3% 的移动支付占比排名全国第一，随后是青海、甘肃，远远超过沿海省份。西藏人均使用支付宝进行金融交易的额度以59720.1 元排名全国第 18 位，人均购物支付金额以 8260.4 元排名全国第 10 位。

目前，西藏所有行政村实现移动通信讯号全覆盖，偏僻村落、广袤牧区的农牧民用移动支付进行生活必需品的消费。支付宝年度账单数据显示，2016 年西藏人均手机充值 16.7 次，远高于其他地区。西藏的拉萨、林芝、昌都、那曲、阿里五个市（地）中，跨境支付最爱花钱的多为"80 后""90 后"。境外支付金额增幅最大的是阿里地区，增幅达到了 342.1%，增幅最小的拉萨市也达到了 199%。

西藏在移动支付上拥有良好的基础，要充分运用该条件调动互联网金融的作用，大力发展手机银行和电商。市场是净土健康产业发展的方向，积极开展互联网营销，与国内知名电商合作，借助成熟的发展平台和销售渠道，发展 O2O、移动支付等电商营销模式。

二、青海省金融扶贫

青海省地跨六盘山和四省藏区两个集中连片特别贫困地区，有 42 个贫困县（市、区、行委），15 个国家扶贫开发重点县，10 个省级扶贫开发重点县。全省共有贫困村 1622 个，占行政村总数的 40%。低保和扶贫标准"两线合一"的建档立卡贫困户 16 万户共 52 万人，其中，西宁、海东有 24.9 万人，占 47.9%，藏区六州 27.1 万人，占 52.1%，贫困户呈"小集聚、大分散"的布局。藏区六州总人口约占全省的三分之一，但是贫困人口却占到了一半，贫困问题比较突出，扶贫减贫任务严峻。

为了解青海省扶贫减贫工作机制和运行情况，2017 年 6 月调研组一行 11 人在青海进行了为期 8 天的实地调研，分别在青海省商务厅、省扶贫局、青海大学、青海民族大学、海东市扶贫局召开了多场座谈会，并在海东市乐都区、平安区走访了多个农户，实地了解青海省贫困的现状与特征，以及扶贫脱贫政策的施行情况。

（一）青海省的贫困现状与特征

青海是个多民族聚居的省份，现有 55 个民族。青海的世居少数民族主要有藏族、回族、土族、撒拉族和蒙古族。2015 年末，少数民族人口 280.74 万人，占全省人口的 47.71%。据 2015 年 1% 人口抽样调查结果推算，主要少数民族人口构成如图 6-1 所示。少数民族地区交通不便，信息闭塞，是扶贫工作推进的重点和难点所在。

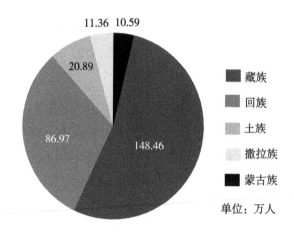

图 6-1　2015 年青海省主要少数民族人口构成图

（1）青海全省贫困发生率较高。截至 2015 年，青海省贫困发生率为 13.2%，高于全国平均水平 7.5 个百分点。青海省贫困人口大多数居住在东部浅脑山区和高原高寒牧区，气候高寒干旱，生态脆弱，基础设施建设滞后，社会发育程度低，产业结构单一，增收难度大，并且受到地缘、投入、产业、科技、人才等因素的制约，贫困地区乡镇企业不发达，工业化程度低，农民就地转移难。农村产业化发展程度不高、地区内部缺乏投资、效益低等因素，制约着贫困地区经济的快速发展。2015年，15个国定贫困县人均可支配收入6953.2元，只有全国平均收入水平（11422元）的61%，贫困程度较深。2011—2015年，青海全省共投入财政专项扶贫发展资金95.18亿元人民币，年均增幅17.8%，共减少贫困人口100万人，贫困发生率从36.6%下降到目前水平，但扶贫减贫形势依然严峻。

（2）持续稳定脱贫难度大。青海省农村牧区人口收入结构呈"橄榄型"，大多数贫困户收入处于中间部分，贫困与非贫困界限不明显，存在相当一部分贫困边缘户，加之贫困地区资源禀赋差，抵御自然和市场风险能力弱，贫困群众持续稳定脱贫难度大。据青海省扶贫局统计，全省农村牧区正常年均返贫率达13%，灾害返贫率高达25%左右，高于全国11%的水平，这尚未考虑因病、因残、因子女上学等因素，若考虑以上因素返贫率会更高。

（3）贫困人口分布点多面广。青海地处祖国内陆，地域辽阔，588.43万人口分布在72万平方千米的土地上，贫困人口规模虽然不大，但是分布范围比较广泛，并且主要分布在偏远落后的山区、灾害高发区、高寒区等地方，呈现出点多面广的特征。而不同"点""面"的贫困户，致贫原因又有所不同，因此必须找出这些不同的致贫原因，进而采取不同的措施来实现精准扶贫。

（二）贫困户主要致贫原因

青海贫困人口致贫因素复杂多样且交织叠加，照划分的12项致贫原因，2014年和2015年全省贫困户主要致贫原因及其所占比例如表

6-1 和图 6-2 所示。

纵向来看，随着扶贫工作的持续推进，各项主要致贫原因的户数明显减少（因残致贫户除外），交通条件落后、缺技术、自身发展不足等因素也已经得到明显改善，在 12 种主要致贫因素中的比例明显下降；与此同时，因残致贫、缺劳动力、因病致贫、缺资金的比例却在上升，说明无论是贫困地区基础设施建设还是贫困户自身素质技能培训等工作的进展比较顺利，效果也较明显，今后的扶贫工作要更加注重对于贫困户资金需求、医疗救助等方面需求的满足。

表 6-1　2014 年和 2015 年青海省贫困户主要致贫原因分布　（单位：户数）

致贫原因	2015 年	2014 年
缺技术	17164	67678
劳动力	25574	50133
其他	1350	19684
自身发展不足	8480	41623
交通条件落后	2009	18562
缺水	657	4212
缺土地	4649	18764
因灾致贫	3084	12607
因学致贫	7040	16605
因残致贫	11801	7783
因病致贫	30943	50835
缺资金	39731	79222

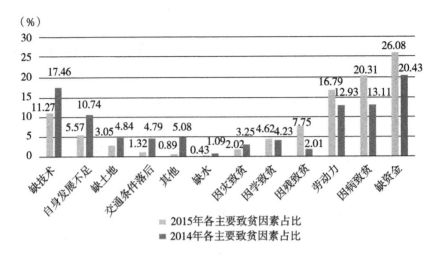

图 6-2　2014 年和 2015 年青海省贫困户主要致贫原因及占比

横向来看，2015 年各主要致贫原因中，缺资金、因病致贫、缺劳动力、缺技术、因残致贫等因素所占比例较大，总比例已超过 4/5，因此若重点针对这几种致贫因素制定相应的措施，扶贫工作必将达到事半功倍的效果。

面对复杂的致贫原因，能否针对性地制定出相应的扶贫措施已成为影响扶贫工作成败的关键因素。青海省实行的扶贫措施主要有：医疗保障和低保兜底、生态保护扶贫、教育和就业转移、产业和资产收益扶贫、金融扶贫、易地搬迁、乡村旅游扶贫等。上述措施实行一年来取得了明显的效果，但是贫困对象内生动力不足等因素也限制了扶贫效果的发挥，研究思路如图 6-3 所示。

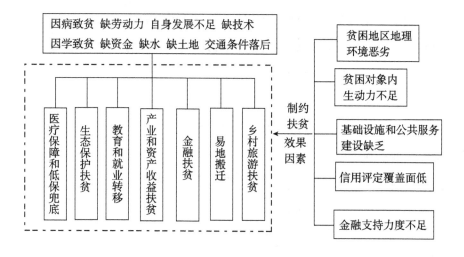

图 6-3　扶贫研究思路

（三）青海省扶贫的基本措施与机制

针对青海省贫困人口的致贫原因，结合青海省自有的"1+8+10"脱贫攻坚政策体系，青海省扶贫的基本措施为以下七个方面。

1.产业和资产收益扶贫

产业扶贫，即针对全省 42 个贫困县（市、区、行委）、1622 个建档立卡贫困村的 13 万户有劳动能力和发展生产意愿的贫困家庭、39.9 万贫困人口，通过发展产业，增强农牧民内生动力，实现脱贫。资产收益扶贫，即对产业选择难和无经营能力的建档立卡贫困户，在不改变资金用途的情况下，财政专项扶贫资金和实施农牧业、特色养殖、扶贫产业园、乡村旅游、光伏建设等涉农项目资金形成的资产，以资产股权为纽带，折股量化给符合条件的贫困村和贫困户，以实现长期增收、稳定脱贫。

2016 年，青海省政府按照农区人均 5400 元、牧区 6400 元标准，投入产业扶贫资金 9.7 亿元，在 33 个县实施了到户产业扶贫项目，扶持 16.2 万贫困群众发展特色产业；投入财政扶贫资金 10500 万元，在全省建立 7 个扶贫产业园；投入财政扶贫资金 15000 万元，在全省 50 个贫困村实施乡村旅游扶贫项目。通过建立扶贫产业园和旅游扶贫项目资产收益机制，受益贫困群众达到 2.71 万户 9.3 万人。

（1）产业选择与布局。在产业选择上，主要围绕发展特色种养业、农畜产品加工业、乡村旅游业、商贸服务业、特色文化业五大方面。产业布局如表 6-2 所示。

表 6-2　青海省产业扶贫布局表

地区	发展产业	建档立卡贫困村（个）	有劳动能力的贫困人口（万人）
东部地区	以核桃、树莓、大果樱桃、蔬菜为主的特色果蔬产业；以城郊生态休闲园为主的乡村旅游业	964	21.05
环湖地区	以枸杞、蔬菜、饲草和中藏药材为主的种植业；以藏系羊、牦牛繁育为主的生态畜牧业；依托名胜景点的乡村旅游业	386	6.26
青南地区	以生态畜牧业试验区为主的有机畜牧业；以现代商贸物流业为主的商贸市场；依托三江源旅游资源的乡村旅游业	272	12.58

（2）精准扶贫产业园项目见表 6-3。

表 6-3　青海省各州市上报 2016 年度扶贫产业园项目

地区		产业园名称	运行机制	资金投入总量（万元）	效益带动		实现增收	
					贫困户（户）	贫困人口（人）	户均增收（元）	人均增收（元）
西宁市	湟源县	饲草扶贫产业示范园	"公司+合作社+种植大户+农户"	7958.22	2065	6323	3250	893

地区		产业园名称	运行机制	资金投入总量（万元）	效益带动		实现增收	
					贫困户（户）	贫困人口（人）	户均增收（元）	人均增收（元）
海东市	循化县	孟达特殊类型贫困地区旅游扶贫产业园	"合作经营""能人大户经营""企业带动"	5688.56	244	992	15000	3690
海北州	门源县	省级扶贫产业试验示范园	"基地+贫困户"	16923.58	709	2475	5300	1500
海西州	乌兰县	茶卡旅游扶贫产业示范园	财政扶贫资金折股分红	15015.3	405	1113	14815	5291
黄南州	尖扎县	尖扎县扶贫产业示范园	项目租赁、定期分红	11105.6	880	2966	4790	1420
玉树州	囊谦县	囊谦县扶贫产业示范园	租赁经营或专业合作社、折股分红	6153.51	1313	4935	5470	1450
果洛州	甘德县	"玛域甘德"有机产品扶贫产业园	"公司+合作社+贫困户"	10000	246	789	1249.29	390

（3）产业和资产收益扶贫运行机制。调研中发现，产业扶贫的运行机制可分为："公司+合作社+贫困户""能人带动+合作社+贫困户""基地+贫困户"等各种形式。

资产收益扶贫的运行机制分为以下五种类型：

一是将产业扶持资金投入扶贫产业园和旅游扶贫项目，折股量化到贫困户。

二是财政专项扶贫资金及其他涉农资金投入形成的商铺、市场和宾馆等纯资产，折股量化给建档立卡贫困户。如互助县南门峡镇西山根村在县城买了商铺；海东市乐都区将 30 个贫困村的 521 户贫困户产业发展项目资金，入股到扶贫龙头企业、专业合作社、农家院、商铺和砂石料厂，按照人均不低于 540 元标准分红并带动贫困户就业增收。

三是"政府＋企业"合作模式，由企业在具备建设条件地区开展光伏农业扶贫和光伏电站扶贫，根据协议分配利益。

四是将各类扶贫资金及其他涉农资金作为资本金，以股权化方式融资到龙头企业、专业合作社等各类经营主体经营，利润量化分红。如互助县塘川镇十字村将产业扶贫资金（每人 5400 元）总额 126 万元全部投入该村的养殖合作社，该社不仅在当地有自己的养殖场，且在西宁市有屠宰场，贫困户按照收益的 13% 分红。

五是部分贫困地区将水电、矿产等资源开发纳入资产收益扶贫范围。

2. 易地搬迁扶贫

青海省平均海拔 3370 米，贫困人口主要集中在海拔 4000 米以上的三江源地区和十年九旱的东部干旱山区，生产、生活条件极为恶劣，因此易地搬迁扶贫是脱贫攻坚行动的重点工程。青海省"十三五"时期全省计划搬迁安置 5.2 万户 20 万人，其中建档立卡贫困户为 3.34 万户、11.89 万人。目前，已下达易地扶贫搬迁专项资金 19.1 亿元，搬迁安置 2.1 万户 7.8 万人。调研中我们走访了互助县五十镇班彦村、乐都区洪水坪易地搬迁安置点等全省易地扶贫搬迁工作的样板项目。了解到易地搬迁采取集中安置和自主安置方式（见表

6-4）。其中，集中安置的建档立卡贫困户，西宁市、海东市每户补助8万元，藏区六州每户补助9万元。自主安置的建档立卡贫困户每户一次性补助10万元。

表6-4 青海省易地搬迁安置方式

安置方式		建档立卡贫困户（户）	建档立卡人数（人）	非建档立卡户（户）	非建档立卡人数（人）
集中安置	行政村内就近	15049	52243	7854	35253
	建设新村	3608	11071	2278	9404
	小城镇或工业园区	6931	24471	8798	35774
	乡村旅游区安置	323	1049	173	766
自主安置	插花安置	6198	23507	0	0
	投亲靠友	1808	6528	0	0

3. 教育和转移就业扶贫

为阻断贫困代际传递，2016年青海省投入财政资金17.6亿元，全面落实藏区六州农牧户子女和西宁、海东两市贫困家庭子女15年免费教育；大力实施"雨露计划"，完成贫困劳动力短期技能培训13810人次，转移就业4.2万人次；选择500个贫困村，按照每村培养3个创业能成功、带动有成效的致富带头人的要求，培训贫困村致富带头人1551人次。继续实施"青春创业扶贫行动"，带动贫困地区5300名青年创业就业。职业学历教育补助贫困家庭学生4430人，资助贫困家庭大学生5452人。

（1）教育扶贫主要措施。一是全面普及15年免费教育。从2016年春季开学开始，对藏区六州所有学生和西宁、海东两市贫困家庭学生实施15年免费教育。对学前3年免除保教费；对义务教育9年免除学杂费和教科书费，对寄宿生给予生活补助；对高中阶段3年（普通高中、中职）免除学杂费和教科书费，继续提供助学金。

二是贫困大学生补助政策。如海东市平安区 2306 户贫困户中有在校大学生 234 名，均享受以下补助（见表 6-5）。据了解，该地区没有因贫辍学的大学生。

表 6-5　贫困学生补助情况

学生类型	本科生	大专生	中专生	高职生
补助金额（元/人）	6000	5000	4000	3000

（2）转移就业扶贫主要措施。一是鼓励企业吸纳就业。对各类企业新增就业岗位吸纳贫困家庭劳动力，签订 1 年以上劳动合同并缴纳社会保险费的，在劳动合同期内给予企业不超过 5 年社保补贴和 1000 元的一次性奖励。

二是做大劳务品牌。支持有条件的地方建设扶贫产业园，在巩固提升"拉面经济""金秋采棉""枸杞采摘"等传统劳务品牌的同时，做大做强"土乡农家乐""热贡艺术"等劳务品牌。如 2016 年投入财政扶贫资金 7000 万元，实施了平安扶贫富硒黑蒜种植、化隆扶贫拉面等产业园；互助县由企业针对妇女劳动力进行串珠、土族刺绣培训，并对成品进行回购。

三是强化能人带动。支持农民工、大学生和退役士兵等人员返乡创业，发展农牧民专业合作社、家庭农牧场等新型经营主体。如民和县与阿里巴巴集团签约农村淘宝项目，已建成运行 47 个农村电商服务站。

4. 医疗保障和低保兜底扶贫

在保障兜底扶贫方面，青海省在全国率先实现扶贫低保标准"两线合一"。

在贫困人口参加医疗保险方面，青海全面落实"一免七减"政策（免普通挂号费住院病人药费、诊查费、检查费、检验费、麻醉费、手术费、住院床位费减免 10%）；实施医疗服务"十覆盖"（建档立卡贫困人口免费白内障复明手术全覆盖，资助贫困先天性心脏病患儿手术全覆盖，包虫病免费药物治疗和手术费用补助全覆盖，贫困地区孕产妇住院分娩补助全覆盖，贫困地区育龄妇女补服叶酸全覆盖，新生儿疾病筛查和儿童营养改善项目全覆盖，贫困地区免费孕前优生健康检查全覆盖，贫困地区计划生育免费技术服务全覆盖，贫困人口疾病应急救助全覆盖，对"三无"人员及时给予医疗救治、贫困地区 65 岁以上老年人免费健康体检全覆盖）；贫困人口重大疾病门诊救助政策（在门诊治疗发生的政策范围内费用，经基本医保报销后，剩余部分按 80% 给予救助，特困对象给予 100% 救助，每人每年门诊救助限额为 1 万元）；贫困人口住院救助政策（贫困人口在定点医疗机构住院期间发生的费用，经政策减免、基本医保、城乡居民大病医保报销后，不设起付线，剩余政策范围内或合规医疗费用，给予 80% 救助，特困对象给予 100% 救助，每人每年救助限额为 5 万 ~6 万元）；贫困人口重特大疾病救助政策（患重特大疾病贫困人口在定点医疗机构住院发生的医疗费用，经政策减免、基本医疗保险和大病医疗保险报销或事故责任方赔付后，年度内个人承担费用（含自费部分）累计超过 3 万元以上部分，按 60% 给予救助，每人每年救助限额为 10 万元）。如平安区有 48 户建档立卡贫困户，在享受三级报账后仍有 5000~100000 元的自费费用，对这部分人仍会进行最后的兜底扶贫。

截至 2016 年 10 月，累计为贫困群众减免医疗费用 550 万元；免费实施白内障复明手术 1345 例，资助实施先心病患儿 177 例；开展临时性医疗救助 13.5 万人次，累计发放救助金 3.3 亿元。对农牧区 12 万劳动能力或部分丧失劳动能力贫困群众按照年人均 2500 元标准实施生活补助。对 11 万原低保对象中有劳动能力、29 万新增低保对象，按照年人均 2016 元、400 元标准实施分档生活补助。

5. 金融扶贫

为切实发挥金融对精准扶贫的撬动、支撑和保障作用，青海省加大金融扶贫力度，目前已形成独具青海省特色的主办银行制度、双基联动贷款模式等，两年来贷款规模 29.6 亿元，是前三年扶贫贷款总规模 10.05 亿元的近三倍。同时，为支持贫困户信用评定工作，青海省于 2016 年将 52 万建档立卡贫困户信息全部移交当地金融机构。经信用评定达到信用标准的贫困户拥有"贫困户信用证"，通过"信用创评 + 扶贫贷款 + 扶贫贴息"的模式，可直接享受 5 万元以内，限期 3 年的免担保、零利率的贷款服务。

（1）扶贫开发金融服务主办银行制度。所谓的金融服务主办银行制度是指金融机构根据自身业务特点和比较优势，基于商业可持续原则，自主选择扶贫开发的支持对象和服务领域，如能带动贫困户脱贫致富的产业园区、扶贫对象广泛参与的种植业等。青海省各县根据金融贷款实际需求，建立县级金融风险防控资金机制，自行安排金融贷款风险防控资金注入主办银行，主办银行按照风险防控资金的 5~10 倍规模放贷，支持各类经营主体和建档立卡贫困户发展特色产业。

对于确定的主办行，人民银行、扶贫局、金融办、财政厅、银监局给予相应的金融、财政扶持政策，如差别存款准备金、再贷款、再贴现等货币政策工具上的倾斜支持以及对扶贫贷款的贴息、风险分担和损失补偿。比如为控制主办银行贷款风险，给予主办行风险补偿支持，当主办银行在规定范围内发放的贷款产生不良且逾期 90 天仍未偿还时，由扶贫风险防控资金先行代偿不良贷款本息的 40%，主办银行自行承担 60%。后期清收的贷款本息按各 50% 比例分配。当主办银行在扶贫领域贷款不良率高于 5% 时，停止发放此类贷款，待不良贷款清收降至 5% 以后重新发放。

（2）"双基联动"信贷模式。"双基联动"贷款模式主要依托基层党组织搭建服务新平台，一方面，基层银行选派信贷员到基层党组织兼职，发挥信贷宣传员、推销员和服务员的作用；另一方面，基层党组织选派干部到基层银行兼职，全程参与贷前调查和贷后管理。2015年8月19—21日，中国银监会主席尚福林在青海省调研普惠金融发展情况时，对"双基联动"合作贷款给予充分肯定，认为"双基联动"合作贷款模式找到了一条符合中国国情的普惠金融发展新路子，要求加大推广力度，形成青海版的普惠金融模式。

截至2015年7月末，青海省试点银行机构已覆盖乡镇网点50个，建立村级（社区）信贷工作室57个，基层党组织和基层银行双方互兼（挂）职干部达到180余人，发放"双基联动"合作贷款13457.8万元，累计支持"三农"及小微客户1718户。

（3）互助资金。为满足贫困户发展生产过程中的短期低息贷款需求，青海省在建档立卡贫困村每村安排50万元互助金。对于有条件的贫困村，互助资金在优先保证互助社成员借款的基础上，可作为金融扶贫风险抵押资金投入银行，放大资金规模，例如在调研中了解到的海东市有五个村把250万元互助资金投入邮政储蓄银行，资金规模放大到1000多万元。对于劳动力短缺的贫困村，经过整合全村的互助资金可在县城购买商铺然后出租，通过收取租金获得资产收益。

（4）扶贫贷款发放情况。

从全省贷款发放额来看，青海省2016年1—10月的贷款发放额相较于2015年翻了近一番，而贫困户贷款额的纵向增长幅度约为78%（见图6-4），说明青海省贫困户的贷款力度不足，金融扶贫力度应继续加强。

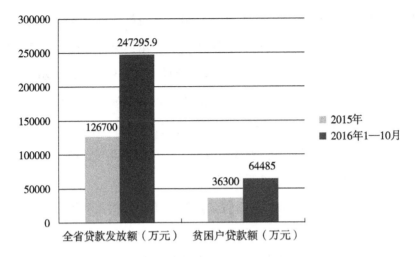

图6-4　青海省2015—2016年扶贫贷款增长情况

如图6-5所示，青海省的扶贫贷款主要用于龙头企业、建档立卡贫困户、专业合作社和能人大户，这与产业扶贫实践中的"龙头企业／能人大户＋专业合作社＋贫困户"模式应用较广相符。

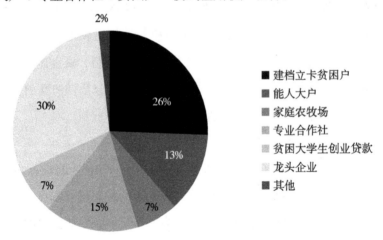

图6-5　青海省2016年1—10月发放扶贫贷款用途占比

6.生态保护扶贫

青海生态地位重要而特殊，为担负起保护三江源、保护"中华水塔"的重大责任，青海在全省设置生态公益管护岗位 4.31 万个，其中原有岗位 0.43 万个，新增岗位 3.88 万个。新增岗位管护员全部从当地精准识别建档立卡贫困人口中聘用，一岗一人，基本保证三江源等重点生态功能区贫困农牧户每户由劳动能力、具备条件的 1 人从事生态公益管护工作。具体岗位设置如表 6-6、表 6-7 所示。

表 6-6　三江源地区生态管护员岗位聘用贫困户　（单位：人）

统计单位	总计	林业生态管护岗位（新增）				草原生态管护岗位		
		合计	公益林	天保	湿地	合计	原有草原管护员	新增草原管护员
合计	35000	4882	980	3040	862	30118	1235	28883
海南州	5503	680	126	355	199	4823	202	4621
黄南州	5978	1071	359	655	57	4907	94	4813
玉树州	18483	1275	119	801	355	17208	654	16554
果洛州	5036	1856	376	1229	251	3180	285	2895

表 6-7　其他地区生态管护员岗位聘用贫困户　（单位：人）

统计单位	林业生态管护岗位						草原生态管护岗位
	公益林			天保			
	合计	原有管护员	新增管护员	合计	原有管护员	新增管护员	原有管护员
总计	4341	1538	2803	3547	1355	2192	242
西宁市	506	382	124	696	261	435	22
海东市	493	432	61	1575	662	913	68
海北州	1587	609	978	1276	432	844	12
海西州	1755	115	1640	—	—	—	140

7. 乡村旅游扶贫

青海省旅游扶贫主要针对有旅游资源的贫困地区，将旅游扶贫与建档立卡户结合，采取专业合作社、能人大户、旅游企业带动的模式，带动当地贫困户参与。贫困户参与旅游扶贫的收益方式主要有五种：一是直接参与旅游经营；二是在乡村旅游经营户中参与接待服务，取得农业收入之外的其他劳务收入；三是出售自家农畜土特产品获得收入；四是通过参加乡村旅游合作社和土地流转获得租金；五是通过资金、人力、土地参与乡村旅游经营获取入股分红。

为解决乡村旅游扶贫项目的资金来源问题，省财政为每个项目安排引导资金300万元，在信贷条件较好的地区可将其作为风险抵押撬动5倍以上金融贷款，而在信贷条件相对较差的地区可采取"两轮驱动"模式，部分资金抵押撬动贷款，剩余资金直接投入项目。

根据国家多部委联合发文的全国乡村旅游扶贫重点村汇总表，青海省各市旅游重点扶贫村个数及占比如图6-6所示。

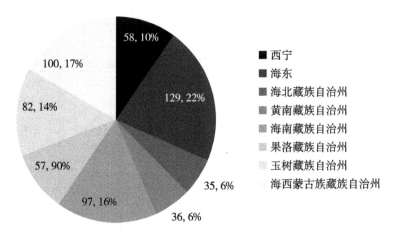

图6-6　青海省各州、市旅游重点扶贫村分布

2016年青海省上报旅游扶贫项目村50个，均为建档立卡村，其中38个村是旅游重点村，计划投入项目资金82680万元，带动贫困户数5320户，带动贫困人数17151人。

（四）制约精准扶贫效果的因素

1. 贫困地区地理环境恶劣

青海全省平均海拔在 3000 米以上，其中 54% 的地区海拔在 4000 米以上，气候寒冷、干旱少雨、自然灾害频繁。从国家确定的 15 个扶贫开发重点县和省定 10 个扶贫县的分布来看，大多数是东部干旱山区和青南高寒牧区，其共同特点是：地处偏远，基础设施条件落后，交通不便，信息闭塞，且受自然环境因素制约，产业培育难，增收难度大，极易返贫。特别是青南牧区，海拔多在 4000 米以上，气候寒冷，自然灾害易发多发，地方病、传染病发病率高，而东部干旱山区十年九旱，尤其是春旱，频繁且严重，此外还经常发生冰雹、霜冻灾害，也极大地影响了农业生产。

2. 贫困对象内生动力不足

青海省大多数贫困地区比较偏远，交通、信息比较闭塞，群众观念落后，"等、靠、要"的思想较为严重。

（1）部分群众受宗教信仰影响，安于现状。如青南牧区牧民群众"惜售"牛羊、"不杀生"，致使当地畜牧业生产受到不同程度的冲击，贫困群众生产经营性收入减少等。

（2）贫困群众对扶贫政策理解不深入，缺乏致富意识。比如在"认亲结对"工作中，青海某大学的党员同志为贫困户买了 50 只小鸡用于养殖，但却被贫困户宰杀食用。另外，还有一些地方纠缠于扶贫资金分配不均问题。比如青海某地区设想将小型光伏发电产业引入到村，建立小型发电站，但部分群众在土地补偿上要价过高，不同行政村之间还存在恶性竞争，这个惠民的扶贫项目最终无疾而终。

（3）贫困群众文化素质不高，劳动力就业能力差。部分少数民族贫困群众教育水平较低，在新环境中存在语言交流不通和生活不习惯等问题，导致其不愿意离开家乡外出打工，也阻碍了就业转移脱贫和异地搬迁脱贫等扶贫措施的实施。

3. 基础设施和公共服务建设缺乏

青海省贫困人口多分布于高寒偏远地区，这些地区基础设施条件差，道路不畅，医疗、教育、供电、通信等公共服务不到位。基础设施和公共服务不足是制约青海脱贫工作的关键所在，加强基础设施和公共服务建设是巩固脱贫攻坚效果的重要保障。

（1）道路不畅影响旅游资源的开发。青海有丰富的可开发的旅游资源，但青海地域辽阔，588.43万人口分布在72万平方千米的土地上，相当于每平方千米仅有8.2人。地域辽阔，路途不通，必然影响旅游产业的发展。

（2）迁入地土地保留不足，阻碍异地搬迁扶贫。在移民新村中，存在政府将新村土地流转给商人经营的现象，致使迁移的群众无地耕种，这些问题都影响了异地搬迁脱贫进程。

（3）医疗、社保、子女就学等问题存在保障缺口。医疗保障覆盖面仍不全，当外出打工者受到意外伤害时，缺乏维权的途径和保障途径，致使其因病因伤返贫。教育方面，在外务工子女仍有部分无法在城市入学，成为留守儿童。另外，青海偏远贫困地区义务教育机会较少、程度低，职业技能教育严重缺乏。

4. 信用评定覆盖面窄

青海省目前有1622个贫困村，52万建档立卡贫困户，但现阶段信用评定覆盖面仍太低，全省实际授信贫困户仅49800户，占55%。从"产业发展一批"的需求来看，全省52万贫困人口尚有39.9万、11万户贫困群众需要通过发展产业脱贫，其中有8万户贫困群众有贷款愿望和需求，但是授信不足制约了贫困户贷款需求的实现，这不仅阻碍了小额贷款发放规模，还进一步影响了金融扶贫的推进、产业扶贫的发展。

5. 金融支持力度不足

在金融扶贫推进下，主办银行制度和"双基联动"合作贷款模式，在一定程度上为贫困户发展产业起到了积极作用，但金融服务仍无法满足不同贫困地区、不同人群、不同产业等差异化的金融需求。

（1）金融资源分布城乡失衡。青海牧区受限于地理环境，金融服务成本高，大多数地区仅在县一级设有金融服务网点，县以下营业网点多为代办点；农村金融服务一枝独秀的局面依旧，农商银行仍然是"三农"信贷投放"主力军"，其他金融机构发放贷款积极性不高；部分地区贫困户信用较差，为规避风险，金融机构对贫困户发放贷款缺乏积极性，甚至不愿对贫困农牧户发放贷款。个别主办行设立门槛，需要1~2名公务人员为贫困户担保。

（2）贷款仍需抵押担保，贷款难、比例小、额度小等问题依然突出。由于青海地广人稀，部分地区宣传不够，致使贫困农牧户不了解金融扶贫政策，扶贫贷款需求不旺。如从2015年贷款情况看，主办行发放贷款12.67亿元中，贫困户小额贷款3.63亿元，仅占28.7%。

（3）缺少保险类金融创新产品。青海省主要分布在山区、高海拔地区，生存环境较为恶劣，部分人口所处地区由于受到地震、滑坡、高寒、地方病等威胁，资源环境承载力严重不足，农牧民生计不可持续。所以，青海省需要保障性的保险类产品，来规避因受意外灾害而致贫的现象，但青海省在推进保险助力扶贫方面，缺少创新和宣传。

（4）缺少与产业对接的创新金融产品。青海发展产业扶贫和旅游扶贫的效果并不理想，其中一个重要因素在于资金支持不足。金融机构不能与产业实现有效对接，未能提供符合实际的资金支持和创新金融服务。

（五）结论与建议

从青海省的致贫原因和脱贫攻坚工作的进展情况来看，为有效实现扶贫各项工作效果，要将推进贫困人口能力建设作为核心工作，并且将加强基础设施和公共服务建设作为前提保障，在此基础上提出金融创新扶贫、产业扶贫、旅游扶贫等创新扶贫方式（见图6-7）。

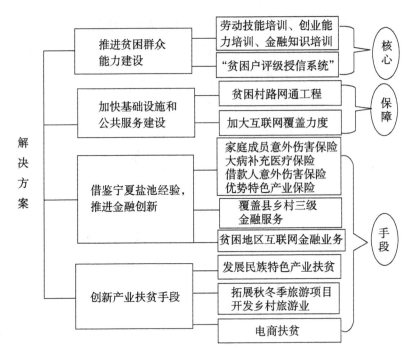

图6-7 扶贫解决方案

1.推进贫困人口能力建设

（1）加强贫困群众的教育培训。精准扶贫不仅仅提供资金的支持，更要关注劳动技能培训、创业能力培训、金融知识培训等，使贫困群众逐渐找到脱离贫困的有效手段和方法，这种"造血式"社会救助的效果远好于单纯的"输血式"救济。

（2）增强贫困群众内生动力。相关部门要加大宣传力度，营造脱贫攻坚的舆论氛围。在脱贫项目设计和吸纳务工等工作中突出贫困群众的主体地位，实行"一户一法"有针对性的扶贫措施。另外，在"认亲结对"和"扶贫驻村工作队"等工作中，党员干部紧抓贫困群众的思想动态，在日常交流中引导贫困群众自主脱贫意识。

（3）提高贫困群众诚信意识，可建立"贫困户评级授信系统"，将建档立卡贫困户纳入授信范围，扩大建档立卡贫困户授信覆盖面。将所有贫困户的信用情况评定为不同等级。信用等级越高，在贷款项目支持等方面享受的优惠越多，让群众树立"守信才能发展、失信寸步难行"的意识。

2. 加快基础设施和公共服务建设

基础设施滞后和公共服务短缺是制约扶贫效果的一个重大因素，强化基础设施和公共服务建设有助于为贫困户创造更多发展机会，是实现脱贫致富的根本保障。

（1）要优先解决道路、饮水、电力、通信等制约贫困地区发展的突出问题。重点实施贫困村路网通工程，加快推进"三路一危"（断头路、瓶颈路、年久失修路以及危桥）改造。加快推进广播电视户户通和实现数字广播电视全覆盖。集中开展村容村貌综合整治，加大贫困村改水改厕、垃圾处理、村庄美化绿化力度，全面提高农牧区净化美化水平。

（2）要加大互联网覆盖力度，为发展互联网金融和电商扶贫提供基础保障。互联网金融可以弥补设立金融网点成本过高的劣势，可以借助现代科技手段，加快贫困地区电话银行、手机银行、网上银行的发展；通过互联网搭建电商平台体系，鼓励贫困群众开立农牧产品网店，发展电子商务。

（3）继续完善幼儿教育和直到高中的免费义务教育保障机制，加强县、乡、村公共卫生服务设施的软硬件建设，提高基层医疗单位诊治水平。同时，继续建立和完善农村社会保障体系、完善农村社会养老保险制度、农村最低生活保障制度、新型农村合作医疗制度、贫困人口的大病救助制度等，从根本上解决贫困农牧民"养老、贫困、患病"的后顾之忧。

3. 借鉴宁夏盐池经验，推进金融创新

近年来，宁夏盐池金融扶贫创新发展模式取得了显著成效，"盐池模式"也开始在全国推广。结合青海省的实际情况，可以借鉴盐池模式，重视保险助力精准扶贫的兜底作用，用保险的办法可以兜住因病、因灾、因意外返贫的底线，进一步推进青海省金融扶贫创新。

（1）创新保险品种，为建档立卡贫困户提供精准扶贫保险产品。如为建档立卡贫困户提供"家庭成员意外伤害保险"，为因在日常生活中发生意外导致身故、伤残、意外住院医疗等提供保障；为贫困户家庭成员建立"大病补充医疗保险"，当医疗费用在其他保险机构不能报销产生的个人自付费用时，该保险可为个人自付费用提供保障；建立"借款人意外伤害保险"，用于在金融机构贷款的贫困农户因意外伤害导致的身故、伤残保障责任；建立"优势特色产业保险"，承保自然灾害损失、产量降低或产品价格下跌导致的销售收入损失等。

（2）实行最低保费，最优保额政策，提高贫困户参与投保的积极性。保费可由政府和个人共同分担，根据青海各地区实际情况自行确定分担比例。既要兜住因病因灾返贫的底线，又要防止过度保险。

（3）要加快构建覆盖县乡村三级金融服务网络，逐步让更多贫困农户可以享受到金融服务。各大银行加快贫困地区互联网金融产品创新，尽快在贫困地区开展互联网金融业务，逐渐培养贫困群众使用电话银行、手机银行、网上银行的习惯。

4. 创新产业扶贫手段

通过产业扶贫、旅游开发、电商扶贫等形式，让扶贫由"输血式"向"造血式"转变，保证扶贫效果的可持续性。

（1）发展特色产业脱贫。青海省轻工业仅占10%不到，其中绿色产业和民族特色产业等有很大发展空间。应重点发挥地域性特色产业对产业扶贫的作用，如特色农牧品产业、民族手工纺织业、民俗文化用品产业、特色药材等。因地制宜制定贫困地区特色产业发展规划，形成政府主导、金融机构融资、企业带动的特色产业发展规划，让贫困户更多分享特色产业全产业链和价值链增值收益。

（2）发展旅游产业脱贫。青海旅游资源丰富，应围绕地域特色、民族特色，大力发展以自驾游、民族风情园、农（牧）家乐等为主的景区旅游服务业。对已经开发的旅游区，要加强宣传，延长秋冬季的旅游时间，丰富景区游玩项目，实现更多增收。从而推动乡村旅游产业化与扶贫开发整体推进的良性互动，实现乡村旅游产业增效、旅游景区贫困群众增收和旅游开发企业辐射带动作用。

（3）发展电商扶贫。应继续加快建立农村电商体系，支持贫困户发展电子商务，鼓励贫困户建立网店销售民族特色产品和农牧产品等。另外，青海省可借鉴宁夏滩羊养殖经验，鼓励贫困地区发展绿色牛羊肉产业，联合企业和贫困户共同打造"绿色牛羊肉养殖"基地，生产绿色、健康、有品质的牛羊肉产品，使贫困户在产业链中实现增收。不仅如此，还可以将此模式引入到其他农牧产品中，打造青海省绿色农牧业产品的品牌优势。

三、宁夏盐池金融扶贫

宁夏盐池县的精准金融扶贫被称为"盐池模式"，其基本内涵和核心要义是"信用建设＋产业基础＋金融支撑"，简而言之，就是"信用＋产业＋金融"。盐池县将国家支持资金、财政扶贫资金与金融产品和贫困户产业发展有效嫁接，支持"企业＋农户"，引导龙头企业、贫困户、银行建立紧密"银联体"。纵观宁夏盐池金融扶贫经验，最为典型的是资金互助社和保险扶贫的经验。

（一）资金互助社

宁夏回族自治区扶贫办调研显示，缺资金是导致贫困户脱贫难的主要原因之一。盐池县针对贫困户缺资金致富的现状，以做实贫困村互助资金试点项目为依托，创新开展了"互助资金、小额信贷、融资担保"等多种金融扶贫模式，初步形成了政、银、企、社、民"五位一体"的扶贫开发局面。具体体现如下：

（1）互助资金。盐池县将国家支持资金、财政扶贫资金与金融产品和富民主导产业"有效嫁接"，自2006年互助资金项目试点以来，实行"2242"的管理运行模式，将利息的20%滚入本金、20%作为公益金、40%作为运行成本、20%作为风险准备金，在资金监督、借款的发放和回收等方面形成了一整套制度体系。互助资金培养了贫困户的信用意识，营造了良好的金融环境。

（2）千村信贷。由于互助资金贷款额度小，难以满足农户发展需要。2012年，自治区"千村信贷"金融创新扶贫工程启动后，盐池县抓住时机，充分利用互助资金这个"酵母"为支点，与盐池县信用社合作，由互助社推荐，县信用社优先办贷，给予互助社借款金额1~10倍的贷款，最高一户可贷款10万元，并根据额度给予不同档次的优惠，财政同时给予贴息。

（3）资金捆绑。"双到"资金是自治区到户扶持资金，每户2000元直接发放到户，对产业扶持作用有限。在充分征求群众意见的基础上，改变过去"双到"资金直接发给贫困户的做法，将其注入互助社，互助社为贫困户给予1万元的借款。资金仍不够用的，信用社再按1∶10的比例放贷，并享受利率优惠。

（4）惠民小贷。对资金需求量大的农户，以村为单位，与宁夏东方惠民小额信贷公司合作，将互助资金作为担保基金，放大10倍的贷款批发给互助社，由互助社向群众发放贷款。从扶贫项目起家的宁夏惠民小额贷款公司经过不到6年的发展，这家注册资金1300万元的公司，现在的资产总额是2.3亿元，贷款余额接近1.9亿元，客户量近1万人。

（5）企业参与。以滩羊产业为纽带，鼓励发展"公司＋基地＋农户"和"公司＋专业合作社＋农户"等多种模式，引导银行、龙头企业、专业合作社与贫困农户建立紧密的利益联结机制，带动群众增收。由龙头企业向银行提供担保，银行为农户发放贷款，农户为企业养殖纯正的盐池滩羊，企业通过延伸产业链将产品推向市场。

（二）保险扶贫

为提高贫困人口风险保障水平，帮助贫困人口摆脱因灾、因病致贫返贫的恶性循环，保障贫困人口稳定增收，提升抵御重大疾病和农业自然灾害的能力，宁夏盐池结合当地实际在全县范围内开展建档立卡贫困户扶贫保险工作。2016年盐池县脱贫共建保险服务工作计划筹措资金2217.5万元。其中，中央及自治区财政资金313.8万元、县财政资金667.7万元、扶贫专项资金557.4万元、金融信贷保险群众自筹678.6万元。

宁夏盐池的扶贫保险主要分为财产保险和人身保险两种，财产保险各险种具体由人保财险盐池支公司承办，农牧局、扶贫办协助，财政局负责资金监管，各乡镇组织实施。结合宁夏盐池以农牧业为主要产业的具体情况，宁夏盐池的扶贫保险主要有种植业保险、养殖业保险、金融信贷险、互助村成员保险以及脱贫保险，具体情况如表6-8所示。

表6-8　宁夏盐池扶贫保险情况

险种	产品名称	保险费	保险责任	承保数量	保费承担计划	投保内容	投保对象
种植业保险	黄花种植保险	60元/亩	1000元/亩	3000亩	自治区财政补贴50%，县财政补贴30%，扶贫专项资金缴纳20%	因条款中规定自然灾害及晾晒期间连阴雨造成的黄花菜损失时，保险公司负责赔偿	全县建档立卡贫困户
	马铃薯收益保险	70元/亩	1750元/亩	5000亩	县财政补贴50%，扶贫专项资金缴纳50%	因价格下跌或产量降低导致保险粮食作物的销售收入低于保险合同约定的预期收益时，保险公司按照保险合同约定负责赔偿	全县建档立卡贫困户
	玉米收益保险	水浇地35.2元/亩	水浇地880元/亩	5000亩	县财政补贴50%，扶贫专项资金缴纳50%	因价格下跌或产量降低导致保险粮食作物的销售收入低于保险合同约定的预期收益时，保险公司按照保险合同约定负责赔偿	

险种	产品名称	保险费	保险责任	承保数量	保费承担计划	投保内容	投保对象
种植业保险	荞麦产量保险	12.8元/亩	128斤/亩	100000亩	县财政补贴75%，扶贫专项资金缴纳25%	在保险期间内，由于灾害损失造成荞麦产量减少，导致各品种的实际产量，低于保险合同约定的三年平均产量时，保险公司按照合同约定负责赔偿	
养殖业保险	基础母羊、种公羊养殖保险	36元/只	600元/只	200000只	自治区财政每只补贴15元，县财政每只补贴15元，扶贫专项资金每只缴纳6元	因条款中规定的自然灾害、意外事故、疾病造成牲畜死亡，保险公司负责赔偿	全县建档立卡贫困户
	能繁母猪养殖保险	60元/头	1000元/头	1000头	中央财政补贴50%，自治区财政补贴30%，扶贫专项资金补贴20%		全县建档立卡贫困户

金融扶贫：理论、政策与实践

险种	产品名称	保险费	保险责任	承保数量	保费承担计划	投保内容	投保对象
价格指数保险	滩羊肉价格指数保险	30元/只	19元/斤	100000只	县财政补贴80%，扶贫专项资金缴纳20%	由于市场价格波动原因价格低于约定的目标时，保险机构按照保险合同约定的保险责任负责赔偿	全县建档立卡贫困户滩羊养殖户
金融信贷险	安心贷意外伤害保险	2.5‰	意外死亡、意外伤残	20540人	由贷款客户自行承担	每贷款1万元收取25元保费，贷款30万元以上按照2.5‰收取，赔款按贷款金额赔付	年龄18—65周岁
	安心贷定期寿险	4‰	疾病死亡、意外死亡、高残		由贷款客户自行承担	每贷款1万元收取45元保费，贷款30万元以下按照4‰收取，赔款按贷款金额赔付	

险种	产品名称	保险费	保险责任	承保数量	保费承担计划	投保内容	投保对象
互助村成员保险	国寿农村小额扶贫贷款借款人定期寿险	2.5‰	疾病死亡、意外死亡、高残	15457户	各村互助基金占用费公益金支付	每贷款1万元收取25元保费，如疾病死亡、意外死亡按贷款金额赔付	年龄16周岁至65周岁
	国寿安心意外伤害保险						
脱贫保险	国寿农村小额扶贫贷款借款人意外伤害保险	0.5‰	意外死亡、高残			每贷款1万元收取5元保费，家属如出现意外死亡按1万元赔付	

续表

险种	产品名称	保险费	保险责任	承保数量	保费承担计划	投保内容	投保对象
脱贫保险	家庭意外综合保险	100元/户	意外死亡、伤残、	11000户	由扶贫专项资金支付	每户按100元收取，保额9.9万元	全县建档立卡贫困户
			意外医疗			9000元医疗费，除去100元免赔额后按照80‰赔付（具体按照区扶贫办文件执行）	
	大病补充医疗保险	60元/人	大病住院医疗	34046人	由扶贫专项资金支付	每人60元保费，最高承担8万元疾病医疗费，医疗费按照60%~80%赔付（具体按照区扶贫办文件执行）	

宁夏盐池的保险扶贫是缓解贫困人群脆弱性的有效手段。

Dercon（2001）在其提出的风险与脆弱性分析框架中，将风险分为三大类：资产风险、收入风险和福利风险。资产风险的重要风险来源是人力资本的缺失，家庭主要劳动力是家庭收入的主要来源，主要劳动力若丧失劳动能力将会对家庭造成重大打击。收入风险指的是农民从事农业生产面临着的自然和市场两大风险。福利风险指的是与城镇相比，农民在医疗服务和养老保障等多方面的社会福利资源较为匮乏，面临着健康风险和养老风险。

我国农民目前享有的社会保障主要包括低保、新农合、农民社会养老保险等。

2015 年，我国农村居民最低生活保障人数达到 4903.6 万，农村贫困人口数为 5575 万，实现了 85% 以上的覆盖率，但是对于集中在"老、少、边、穷"地区的深度贫困人口来说，脆弱性更强，因为健康风险、意外伤害风险等导致的因病致贫和因病返贫现象更为严重，需要借助保险这种风险转移工具在风险发生后实现保障。

国际贫困扶助协商组织对于小额保险的定义是，小额保险主要是面向中低收入人群，依照风险事件的发生概率及其所涉及成本按比例定期收取一定的小额保费，旨在帮助中低收入人群规避某些风险的保险。

小额保险的发展是重要且必要的。农村人口数量的庞大为小额保险的发展提供了庞大的人口基数，而农民收入水平的提高、恩格尔系数的下降，为农民购买小额保险提供了一定的支付能力，小额保险市场潜力巨大。

首先，小额保险是农民可以获得的商业保险产品。一方面，小额保险的保费低廉，大多数试点地区都由政府为贫困人口全额支付，即使需要自己支付，多数农民也可以承担；同时，由于小额保险的条款简单易懂、操作流程简便，降低了小额保险对农民的金融排斥。此外，传统保险产品的目标群体是城镇的中高收入人群，而小额保险作为一种扶贫手段，其目的就是让低收入人群获得风险保障。

其次，小额保险针对特定风险。不同于传统保险产品的广泛保障内容，小额保险针对的是农民最关注且对农民生活影响最大的风险。这可以有针对性地帮助农民转移最迫切而严峻的风险问题。

此外，小额保险的供给主体包括商业保险组织、互助保险组织、民间互助组织等，供给主体多样化，这有利于实现小额保险的广覆盖，并为农民提供因地制宜的特色化产品。

参考文献

［1］郭振海.基于供需视角下的西藏农牧区金融改革研究［J］.金融发展评论，2015，（3）：106-119.

［2］中国人民银行拉萨中心支行货币政策分析小组：2016年西藏自治区金融运行报告.

［3］朱耀宗.西藏金融助推扶贫攻坚取得阶段性成果［N］.金融时报，2017-01-12（3）.

［4］朱耀宗.整合产业扶贫项目助力西藏脱贫攻坚［N］.金融时报，2017-05-23（3）.

［5］刘如海，张宏坤.发展小额保险的国际经验及对策建议［J］.上海保险，2008（5）：9-12.

后 记

　　贫困是发展经济学永恒的主题。在多维贫困视角下，金融扶贫被认为是开发性扶贫的有效手段之一。为了推动金融扶贫，我国自20世纪80年代开始实施扶贫贴息贷款，小额信贷、互助资金、抵押品创新、供应链金融等农村金融产品创新也层出不穷。同时，伴随着ICT技术在金融领域的应用，特别是移动支付、大数据、云计算、区块链等金融科技手段的创新应用，形成了以移动支付、P2P网贷、手机银行等为特征的互联网金融，它以技术手段降低了交易成本和信息不对称水平，在一定程度上解决了贫困人群金融的"地理可及性"问题，是对现有金融扶贫模式的有效补充。本研究基于多维贫困的视角，讨论互联网金融、农村金融产品和机构创新对我国金融扶贫模式的影响，并探讨如何通过金融扶贫模式创新进行贫困人口的能力建设以突破"贫困恶性循环"。

　　本研究基于作者对金融反贫困、文化与金融、金融科技与金融创新等问题的长期思考和关注，其中部分成果已获公开发表。

　　感谢中央民族大学经济学院领导和同事提供的帮助和支持；感谢毛宁、李芳、程思思、李佳珉、葛宇航在资料收集整理中提供的帮助；感谢知识产权出版社宋云、王颖超编辑为此书出版倾注的心血和努力。

　　虽然脱贫攻坚战的胜利指日可待，但深度贫困问题尚未完全解决，相对贫困也永远存在，反贫困研究依然具有深远的经济学、社会学意义。我将对此持续关注，期待与同行的交流合作，对本书不当之处，也欢迎批评指正。

作者

2018 年 10 月